FRAIN

ÉPINAY EN CHAMPEAUX

SA SPLENDEUR AU XVIe SIÈCLE
SON ÉTAT DE RUINE AU XVIIIe
SA RESTAURATION DE NOS JOURS

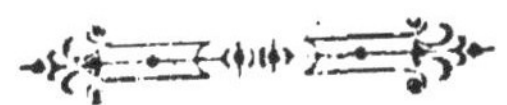

VITRÉ
Imprimerie GILLES & Cie
4, rue Hellerie, 4

1908

OUVRAGES DU MÊME AUTEUR

— Les Filles de la Sainte Vierge (*dames Budes*), depuis leur fondation jusqu'à nos jours.

— Les Familles de Vitré, de 1400 à 1789, avec liste et pièces justificatives. *In-12, 162 pages.*

— Influence du Christianisme sur le progrès de nos mœurs, du IVe au XIIIe siècle. *In-8°, 55 pages.*

— Une terre (La Gaulayrie) et ses possesseurs catholiques et protestants, de 1200 à 1600. *In-12, 232 pages.*

— Mes Fleurs suivies de Jérusalem détruite (poème historique). Vitré, Ed. Lécuyer, 1898. *In-16, 93 pages.*

— Mœurs et Coutumes des Familles bretonnes avant 1789 :

Tome Ier : Les Fondateurs de la chapelle Notre-Dame en l'église Saint-Léonard de Fougères (Les Lasne du Tronchay et de la Bastardière). *Petit in-4° carré, 166 pages.*

Tome II : Les Ligueurs de Mecé, Livré, Izé (Les Leziard de la Leziardière, du Chantier, de Vauhoudin, les Beziel de Livré, les Chennevière d'Izé). *Petit in-4° carré, 182 pages.*

Tome III : Les archives d'un échevin de Rennes. — 1° Miserie de Rennes pour l'année 1688, nobles gens Hirel, sieur de la Jouannelais, procureur au Présidial, et Michel Provost, marchand au dit Rennes, comptables ; 2° Inventaire des effets appartenant au Général de la paroisse Saint-Etienne de Rennes ; 3° Mémorial domestique de Jean-François Beziel, advocat au Parlement de Bretagne, 1690-1728.

Les archives d'un échevin de Vitré. — 1° Tenue des Etats de 1756-1757, relation manuscrite signée Hardy du Rocher ; 2° Rôle et répartition de la somme de soixante-quinze livres, à laquelle la paroisse de Taillix a été taxée par ordonnance de Monseigneur l'Intendant du 1er octobre 1709, pour être déchargée de fournir, la présente année, un *soldat de milice* ; 3° Rôle et égail du fouage ordinaire à être levé sur les paroissiens contribuables de la paroisse de Taillix pour l'année 1700 ; 4° Capitation de 1722 ; Rôle et répartition de la somme qui doit être payée par tous les contribuables de Taillis ; 5° Paroisse de Livré : Rôle et répartition des fouages et tailles ordinaires et extraordinaires pour partie des années 1740-1741 ; 6° Imposition de la paroisse de Bais pour capitation, supplément de fourrages, ustensiles et casernement de troupes, habillement des milices de terre et pour la dépense annuelle des milices garde-côtes pour l'année 1775 ; 7° Paroisse de Bais,

ÉPINAY EN CHAMPEAUX

FRAIN

ÉPINAY EN CHAMPEAUX

SA SPLENDEUR AU XVIe SIÈCLE
SON ÉTAT DE RUINE AU XVIIIe
SA RESTAURATION DE NOS JOURS

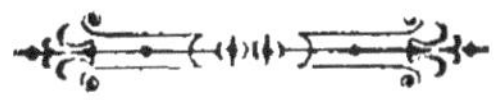

VITRÉ
Imprimerie GILLES & Cie
4, rue Hellerie, 4

1908

ÉPINAY EN CHAMPEAUX

I

Epinay et Champeaux, une grande demeure, une pieuse et généreuse fondation seigneuriale, ne se séparent pas. Parlant de l'une, il faut parler de l'autre. Touristes, artistes, feudistes. archéologues ne visitent pas le château sans entrer dans l'ancienne église collégiale. D'ailleurs, pour s'y rendre et en revenir, les chemins ne manquent pas de charmes et sont marqués à l'estampille vitréenne. Nous le prouverons si vous daignez nous prendre pour guide.

Après s'être soudé au grand chemin de Rennes et avoir monté une pente de quelques cents mètres, le chemin de Champeaux, comme une belle allée de parc, promène ses méandres sur un plateau dont rien ne vient fléchir ou exhausser le niveau, durant près de trois quarts de lieue. A votre droite, à l'entrée du chemin rural qui conduit vers la Chevalerie, voici le sanctuaire du saint breton Armel, reconstruit par la sœur de l'historien La Borderie. Plus loin, du même côté, s'étendent les domaines de Montlévrier. Ils sont aujourd'hui aux Hospices de Vitré. Au début du dix-septième siècle, ils appartenaient à Marie Lambaré, dame Le Bigot, une généreuse qui les donna aux pauvres de son pays.

A votre gauche et dans une direction parallèle, vous verrez naître et se creuser le vallon allant du manoir de la Testardière au village du Teilleul, pour s'ouvrir ensuite dans les prés de Gazon et apporter le tribut de ses eaux, aux douves dont la demeure des Beaumanoir était jadis entourée. Mais, entre ce vallon et la route où nous déambulons, qu'est-ce donc que cette série de monticules évidemment élevés de mains d'hommes et plantés de taillis ou d'arbres, de haute futaie? Ce sont amas de schistes sortis d'excavations profondes, d'où les carriers d'autrefois extrayaient les ardoises placées sur les maisons rurales, les demeures seigneuriales et les églises de cette partie du Vitréais. A ces carrières, l'imagination populaire a donné de curieuses appellations, parmi lesquelles nous vous prions de distinguer : la Perrière au Loup, le Saloir de l'Hôpital.

Ce Saloir dépassé, le chemin de Champeaux

s'infléchit et par une pente continue, descend au pont jeté sur la Cantache, à l'endroit où gens et charrettes du seizième siècle passaient au gué dit de Rabault. Lavardin y arrivait en 1589 au galop de son escorte. Assez heureux pour avoir introduit un secours important dans Vitré assiégé par le duc de Mercœur, il s'agissait pour lui de regagner Rennes en échappant d'abord à la fureur des assiégeants, ensuite *aux paysans et gentilshommes ligueurs qui le guettaient de tous côtés*, entreprise des plus hasardeuses, souligne Montmartin.

Parti de grand matin, à la tête de cent bons chevaux, Lavardin perdit son guide désarçonné à la sortie de Vitré. Se jetant alors au travers des fiefs de son cousin Beaumanoir, huguenot comme lui, il passa rapidement à Rabault, chevaucha sans trop d'encombre sur les landes de Corbannes et atteignit la lande d'Izé.

Là, tous les chemins vers Rennes se trouvèrent barricadés par des vassaux de la maison d'Epinay, paysans vaillants et entêtés qui ne voulaient ni devenir calvinistes, ni céder leurs églises aux nouveaux prédicants. Il fallut, en plusieurs endroits, mettre pied à terre et avouer, en rentrant à Rennes, non sans perte d'hommes, « qu'on avait naguère livré de grands combats mais jamais couru en un seul jour, tant de fortune. »

Aussi, comme on la surveillait cette maison d'Epinay et comme il importait de ne point laisser les catholiques se concentrer à son ombre ! Voilà pourquoi certain jour de 1590, bien montés et bien armés, La Faucille, Chambalan et de Perac demi-frère de Marie d'Entraignes dame de Beaumanoir, traversèrent, à leur tour, le gué de Rabault suivis de cinq braves compagnons. Ils avaient entendu dire qu'une compagnie de chevau-légers et des arquebusiers à cheval au nombre de cinq à six cents, prétendaient occuper le bourg de Champeaux et s'y fortifier, pour surveiller le chemin de Vitré à Rennes. A tout prix, il fallait empêcher le succès de pareille entreprise et nos gens de fondre à l'improviste sur les ligueurs, leur tuant, au premier choc, dix soldats. Par malheur, au cours de ce brillant effort, le sieur de Perac tombe à terre et se rompt une épaule. Dès lors, on ne pense qu'à le sauver des mains ennemies et la retraite commence. Revenus de leur surprise, les ligueurs se jettent sur les audacieux en désarroi. Ceux-ci reculent tout en faisant tête de leur mieux, « le cheval de la Faucille eut dix ou douze coups de piques dont il mourut ; un autre cheval fut tué, celui qui le montait dégagé et on se retira au petit pas. » C'est du moins ce qu'écrit le chroniqueur huguenot, heureux à la fois de pallier la déconvenue de ses coreligionnaires et d'exalter leur téméraire hardiesse.

Pour braver la puissance du Baron de Vitré, leur suzerain, et se poser résolument, vis-à-vis de lui, en adversaires, c'étaient donc des gens bien influents, bien sûrs d'eux-mêmes ces d'Epinay ! Par quelle suite de circonstances vinrent-ils s'implanter près de Vitré et, du même coup, rejeter à l'arrière plan les de Champeaux, si fréquemment cités dans nos chartes des XIe et XIIe siècles ? Documents en main, essayons d'exprimer ce qui nous paraît probable.

II

Comment les de Champeaux disparurent devant les d'Epinay

Tandis que Les de Champeaux de 1150 à 1206 attestent les grands actes de la vie seigneuriale à la cour du duc Conan, à Vitré, à Fougères, à La Guerche, les d'Epinay restent incontestablement dans l'ombre. Ils vivent honorables, mais sans éclat, au manoir d'Epinay, dont les ruines et masures se voyaient encore, à la fin du XVIe siècle, sur la paroisse d'Acigné.

Il est vrai, qu'au temps où ils entrèrent au Conseil des Laval, à la Cour ducale, et, alors que leur marquisat, s'étendant de Rennes au Pertre, barrait insolemment la baronnie de Vitré, on crût devoir leur attribuer quatre combattants d'Hastings, sans prouver toutefois lequel des quatre avait fait souche. Le cas du reste, était assez embarassant, car à côté des d'Epinay bretons, il y avait des d'Epinay normands et ceux-ci pouvaient, à bon droit, prétendre à l'honneur de compter pour ancêtre l'un des compagnons de Guillaume le Conquérant. Affirmons donc, sans crainte d'être contredit, qu'à la base de l'arbre généalogique dressé par du Paz, tout est incertitude.

Gester, vous dira-t-on, *semble* être le premier seigneur d'Epinay, Le croisé regardé comme son arrière-petit-fils, s'appelle, chez du Paz, Allain, ailleurs Eudes, ailleurs encore Colin et paraît appartenir aux normands. D'autre part, si dom Morice donne, comme témoins d'une décision de Juhel de Mayenne en 1218 deux d'Epinay, Raoul et Olivier, ni l'un, ni l'autre ne figurent dans les rangs de la dynastie pas plus que le témoin d'une fondation faite l'an 1175 à l'abbaye de Saint-Melaine. En tout cela, le verbe *sembler* est toujours de mise ; il en va autrement lorsqu'arrive le quatorzième siècle. A partir de Payen fils Guillaume, nous tenons le fil conducteur et nous marchons en pleine certitude. Ce Payen, que d'autres ont jugé convenable d'appeler Péan, fut un brave écuyer. Jean de Montfort le choisit pour porter sa bannière en 1364 à la bataille d'Auray et comme cette bannière fut victorieuse, vous comprenez aisément pourquoi, la nef des d'Epinay eut désormais le vent en poupe et commença, sur la haute mer du monde, son long et beau voyage.

Payen, le timonier de cette nef, marche en 1378 sous le commandement du bon connétable ; mais l'année suivante, il est de ceux qui disent : La Bretagne aux bretons ! arrière les envahisseurs, qu'ils soient anglais ou français ! et vous le trouvez parmi ceux qui s'associent pour empêcher l'invasion du pays. Le 20 avril 1381, le voit ratifier le traité de Guérande. Sergent fée de la Cour de Rennes, on le dit défaillant en 1384 et parti pour le voyage de Saint-Jacques de Compostelle ; car les forts de cette époque avaient pour coutume de s'agenouiller humblement dans les sanctuaires vénérés, d'y crier l'aveu de leur foi et de leur faiblesse. A tout prendre, la coutume était bonne, et le peuple y gagnait, d'être courageusement défendu ou du moins plus doucement traité. Efficace jadis aux gens bardés de fer, le serait-elle moins de nos jours, aux financiers cousus d'or? S'ils en essayaient à leur tour, peut-être, se découvriraient-ils, un beau matin, une âme plus compatissante. Pour eux et pour autrui, ne serait-ce pas un gain de plus ? Leur laissant le soin d'y réfléchir, revenons au pieux pèlerin de Compostelle. On lui connaît deux fils : Simon et Jean. Simon s'intitula à la fois seigneur d'Epinay et de la Rivière. Où chercher cette seconde seigneurie ?

Vous la trouverez en suivant le cours d'eau sur lequel passe le chemin de Vitré, avant de monter la pente où s'étagent l'église et les maisons de Champeaux; dans ce lieu même où

Perac se rompait une épaule en 1590. Sortie du bois de Beaufeu, cette minuscule rivière, grossie au-dessous de Taillis par plusieurs petits affluents, passe entre Yzé et Landavran pour s'enfuir vers Champeaux. Avant d'y atteindre, un ruisseau né dans les taillis de la Lisière lui verse son tribut. Le bourg dépassé, elle court dans un ravin profond et des plus pittoresques. Des deux pentes qui l'enserrent, celle de droite apparaît boisée, raide, abrupte parfois et déchirée, ici et là, par des masses rocheuses; celle de gauche descend plus égale mais très rapide encore et tapissée de bruyères. Libre jusque là dans son cours, notre rivière rencontre dans ce vallon un premier obstacle. Se heurtant à la chaussée d'un vieux moulin, elle s'épand en nappe, monte peu à peu son niveau au degré voulu, pour s'échapper, dès qu'elle l'atteint, sous les arches d'un pont antique, y bondir de rocs en rocs et former la cascatelle dont un photographe, bien inspiré, a fait le sujet d'une jolie carte postale.

C'est au-dessous de cette chute, que s'élevait le manoir de la Rivière. Tombé aux mains de Simon d'Epinay, par le fait d'un contrat de mariage ou d'acquêt, il devint une grande demeure renfermée dans une enceinte de courtines et de hautes tours, cernée de douves où circulaient les eaux de la rivière que nous connaissons, avant d'aller une seconde fois se reposer en nappe tranquille appelée l'étang de la Rivière et non l'étang de Pallet. Pour préciser et rectifier avec tant d'assurance, croyez-bien que nous sommes armés. Un état de lieux gracieusement communiqué par les possesseurs actuels d'Epinay, le comte et la comtesse *d'Aubigny*, nous servira de sauvegarde et d'appui. Vous l'aurez sous les yeux en temps utile. Il convient maintenant de vous présenter les nobles femmes que les d'Epinay voulurent faire reines de leur belle résidence.

III

Les Fondateurs de la Collégiale Grands Maîtres et Chambellans du Duc de Bretagne

Capitaine de Dinan en 1399, Simon succéda à Guillaume de Saint-Melaine dans la charge de Sénéchal de Vitré et fut dès lors l'un des conseillers de Jeanne de Laval, dont on sait la haute sagesse et la fermeté d'âme. [1] Il avait épousé Marie de la Frette et en secondes noces, Marguerite de Châteaugiron. Son fils aîné Robert conduisit à la Rivière une de Montboucher ; son petit-fils une de Châteaubriant. De telles alliances plaçaient les d'Epinay aux premiers rangs de la noblesse bretonne et dans l'entourage immédiat du Duc. D'autres raisons augmentèrent encore leur crédit, mais avant de les énumérer, mieux vaut montrer quels bienfaits, leurs mains, devenues puissantes, surent répandre, autour d'eux, dans cette paroisse de Champeaux où ils allaient désormais primer sans conteste.

Au commencement du quinzième siècle, les maîtres de la Rivière possédaient, dans le ci-

(1) Voir *Cent Ans de Vie Vitréenne.*

metière de Champeaux, une chapelle qui leur servait d'enfeu. Elle était sous le vocable de cette voluptueuse Madeleine que Jésus, d'un seul regard, fit si repentante et si avide de vertus, au grand étonnement des pharisiens de l'époque, cette race de vipères toujours orgueilleusement sifflante.

Simon trouvant ce petit sanctuaire tout penché et proche de sa ruine, le voulut voir digne de la fortune ascendante des d'Epinay. Il demanda donc l'autorisation de le reconstruire; ce lui fut accordé par le vainqueur d'Auray. le duc Jean IV. Avant d'avoir pu mettre à exécution son pieux projet, Simon fut fauché par la mort. Son fils Robert Ier se chargea de le suppléer et l'église actuelle s'éleva avec son chevet droit, sa superbe fenêtre flamboyante.

Jugez du nombre d'ouvriers employés d'abord à ce gros œuvre et ensuite à meubler en artistes, son intérieur. Ce fut durant des années, à Champeaux, un concours incessant de maçons, charpentiers, imagiers, plombiers, verriers. Or, tandis que l'édifice montait, l'église paroissiale dédiée à Saint Pierre, apparaissait, au rapport du vitréen d'Argentré, « vieille, caduque, ruineuse. » Pas la moindre ressource pour la remettre en état! Le recteur, Guillaume Palet, en gémissait en secret, ne sachant à qui se vouer; quand, tout à coup, de son propre mouvement, Robert d'Epinay vint offrir aux paroissiens, de leur donner sa chapelle pour remplacer leur église. Vous concevez la joie du Recteur et l'unanime assentiment de ses ouailles. Seul, Armel de Champeaux fit opposition. Il voyait ainsi échapper, à la suite de bien d'autres, son droit au titre de fondateur de l'église. Contraint de subir ce profond déplaisir, il dut abandonner le pays, et vendre, à ceux dont le nom éclipsait le sien, son antique manoir et ses droits honorifiques. A partir de ce moment, Epinay couvrit tout, à Champeaux, de sa haute renommée; la Rivière s'appela la rivière d'Epinay, bientôt Epinay tout court, et parut ainsi dans nos glorieuses annales.

Devenue église paroissiale avec l'assentiment d'un autre vitréen Guillaume Brillet, alors évêque de Rennes, la construction des d'Epinay fut élevée par le Pape Eugène IV, au rang de collégiale. Un an après avoir sollicité et obtenu cette faveur, Robert Ier d'Epinay passa de vie à trépas. On le coucha au chœur du nouveau sanctuaire et voici ce qu'on lisait sur sa pierre tombale « enlevée de terre et portant sa figure » :

Cy gist haut et puissant messire Robert

d'Espinay, chevalier, en son temps sire d'Espinay, d'Escures, de la Rivière, de Sauldecourt et de la Marche, Grand Maître de Bretagne et premier chambellan du Duc nostre souverain seigneur, qui décéda le XIXe jour de mars, l'an de grâce MCCCCXXXVIII (vieux style).

Le simple écuyer de 1364 était bien dépassé. Depuis, Epinay avait levé bannière, il possédait des châtellenies à revendre, de grandes charges à la cour ducale. Qu'avait-il fait pour les mériter? Il s'était jeté bravement entre le Duc et les déloyaux Penthièvre, soi-disant désireux de fêter leur parent à Châteauceaux, décidés en réalité à le faire disparaître. Blessé en cette occasion, Robert d'Epinay ne cessa pas d'agir en zélé serviteur. Le 16 octobre 1420, il était au nombre des Bretons ligués pour délivrer Jean V et le venger.

Un tel dévoûment lui valut l'office de Chambellan en 1421 et l'honneur de remplir les plus importantes missions. L'an 1424, avec Guillaume de Sévigné, il est chargé de veiller à l'armement des communes du Vitréais. La même année, on l'envoie à Angers chercher les ambassadeurs du Roi. Nommé grand maître d'hôtel, le gouvernement de Rennes lui est attribué. Sauf force majeure, il est de tous les conseils, de tous les voyages. Les lettres d'apanage pour Arthur et Richard de Bretagne sont signées : d'Espinay. Nous le voyons négocier le mariage d'Anne de Laval avec le sire de Malestroit, assister au contrat de François, comte de Montfort, et d'Yolande d'Anjou, à celui d'Yolande de Laval, fille de Guy XIV et d'Isabeau de Bretagne avec le fils du vicomte de Rohan. Le duc part-il pour Amiens, vers les ducs de Bedford et de Bourgogne? Robert d'Epinay chevauche à ses côtés. Les libéralités de son souverain dont il est souvent le témoin et parfois le répartiteur, ne lui sont point personnellement épargnées.

En récompense et dédommagement de la blessure reçue à Châteauceaux, on lui donne cent livres de rente assises sur les terres de Lamballe et de Moncontour. Dans les forêts de Rennes, de Liffré, de Saint-Aubin-du-Cormier, le duc lui concède l'usage du bois, tant pour construction que pour chauffage. Le 14 novembre 1431, il reçoit, en pur don, les terres bretonnes confisquées sur Hardouin de Mainbier, capitaine de Châteaugonthier, sans parler des draps d'écarlate, des fourrures dont le maître n'est pas avare. [1] Et notez que ce flot

(1) Voir les mandements du duc Jean V, par René Blanchard, édition des Bibliophiles bretons.

de faveur n'atteignit pas seulement Robert Ier d'Espinay; il couvrit encore son fils Simon, nommé comme lui Chambellan, son petit-fils Robert II, pourvu à son tour de la charge de Grand Maître.

Si pour sauver Jean V, Robert Ier avait versé son sang; pour tirer d'embarras François Ier, Robert II vida sa bourse. Cinq cents écus qu'elle contenait passèrent aux mains du duc qui les bailla à Bertrand Millon, son ambassadeur à Rome. Après cela, étonnez-vous que le Grand Maître soit bien en cour! On lui donne pour étrennes en 1445, une coupe et une aiguière d'argent. Le 16 mars suivant, lorsque François Ier fait hommage au Roi Charles VII, Espinay est dans l'assistance avec les évêques de Dol et de Saint-Brieuc; l'an 1449, le Duc le désigne comme exécuteur de ses dernières volontés.

Il n'avait pas couru loin chercher femme, ce d'Espinay. De son temps, une fille unique possédait un beau fief, s'étendant dans cette partie de la paroisse de Pocé qui avoisine les domaines de la Rivière de Champeaux. Conquérir son cœur et sa main fut le rêve de Robert. Il le réalisa et du fait de son alliance avec Marguerite de la Courbe, les terres des d'Espinay s'en allèrent toucher celles du châtelain de Gazon qui allait devenir son allié. Robert et Marguerite devaient, en effet, marier leur fille Anne au fils ou petit-fils de ce Thibault Busson qui eut le bras coupé par les suppôts des Penthièvre.

Une autre fille et cinq garçons entourèrent le second Grand Maître et sa Marguerite. Une belle lignée, s'il en fut ! L'aîné, Richard, par la grâce du dernier duc de Bretagne, s'intitula chambellan, comme ses pères. Nous le retrouverons tout à l'heure. Le second monta sur le siège épiscopal de Rennes et ne peut être traité de personnalité insignifiante. Eustache, le troisième, entra au Conseil de son souverain et lui servit d'ambassadeur.[1] André, son puîné, se dit seigneur de la Courbe, chanoine de de l'église de Rennes et figure parmi les vicaires généraux de son frère Jacques. Robert, le cinquième et dernier, fut chanoine et trésorier de Saint-Pierre de Rennes, dignités dont l'un de ses grands-oncles avait été revêtu.

Dans ce tableau des prospérités d'Epinay, qui se chargera de jeter les ombres ? — L'évêque de Rennes et son oncle Jean d'Espinay. Ailleurs, nous avons conté à quel point le pré-

(1) Sa descendance a été donnée à la page 222 du Fureteur breton.

lat se montra hargneux, vindicatif, opiniâtre, insupportable, au duc son souverain seigneur, à Madame de Laval sa suzeraine. Qu'il nous suffise de mettre en relief ses générosités envers l'église et le chapître de Rennes, le don de sa librairie à la Collégiale de Champeaux, son retour vers la grande demeure de ses pères, les heures d'apaisement qu'il sut y goûter, avant d'entrer dans l'éternel repos.

Sur son oncle, le faux saunier, on nous permettra d'appuyer davantage.

IV

Où il sera démontré qu'un grand seigneur contrebandier n'était pas un oiseau rare sous l'ancien régime.

Un fils de grand seigneur devenir contrebandier! À coup sûr, ce doit être une rareté. Du tout, le fait est fort commun et se perpétue de règne en règne, sous l'ancien régime. S'en étonner serait prouver une forte dose de naïveté ou le parti-pris de falsifier l'histoire. Peine perdue d'ailleurs, car les passions qui agitent le cœur de l'homme ne sont-elles pas toujours les mêmes, qu'il batte sous un corselet d'acier ou sous un vêtement de bure? Dans l'un ou l'autre cas, trouvez en elles une différence! la façon dont elles se manifestent est la seule que nous connaissions. Les unes y vont de la dague et de l'épée, les autres du bâton et de la fourche.

Juveigneur d'une grande maison, ne trouvant pas son bien patrimonial proportionné à son désir de jouissances, Jean d'Espinay résolut de se créer des ressources sur un terrain où la ruse et l'audace auraient beau jeu, et il pratiqua le faux saunage. Pour lui, rien de plus aisé. La Marche, une des belles châtellenies des d'Espinay, ne s'étendait-elle pas aux frontières du Duché, non loin de cette forêt du Pertre, toute propice pour les aventures hasardeuses! Jean s'adonna si bel et si bien à la fraude qu'on s'en émut en haut lieu, d'où un procès qui lui fut défavorable, en dépit des influences mises en jeu. Convaincu et condamné, il y perdit ses biens meubles, confisqués et attribués à sa suzeraine la comtesse de Laval.

— Soit, direz-vous, mais cela se passait aux jours ténébreux du moyen-âge. — Halte-là! s'il vous plaît, et n'en dites pas davantage. La fraude est de tous les temps et les siècles éclairés, y compris le nôtre, peuvent se vanter d'en avoir vu de jolis échantillons. Nos feuilles publiques, nos débats parlementaires peuvent le témoigner à ceux qui, munis d'oreilles, veulent entendre. Toutefois. pour éviter de fâcheuses comparaisons, mettons notre âge hors de cause. Contentons-nous de montrer qu'à l'heure où Madame de Sévigné écrivait encore d'inimitables lettres, les dragons du Roi, cantonnés à Vitré, en 1694, pratiquaient à main-armée la contrebande du sel. Dans le pays de Fougères, vous verrez le chevalier Tuffin, suivi de ses domestiques, bien armés, s'avancer vers Messieurs de la Gabelle, pour leur crier : « Au large, votre vie en dépend ! »

Si vous désirez davantage, l'Intendant de Bretagne, de Nointel[1] vous certifiera les hauts faits des cadets de noblesse. Pour faire fructueusement la contrebande du tabac, ils marchent en force, épaule contre épaule. De leur côté, les employés de la Gabelle se plaindront amèrement de voir la Cour gràcier certains de ces cadets condamnés à la potence par les juges de Châteaubriand. — On pend les pauvres diables, Messieurs ! mais les gentilshommes, vous n'y pensez pas ! — Un dernier trait avant de revenir tout naturellement à Jean d'Epinay, vous le devrez à la franchise d'un privilégié.[2]

Racontant à son fils les malheureux événements arrivés entre les Etats de Dinan et ceux d'Ancenis, il compatit au sort des pauvres gentilshommes réduits au rôle de fraudeurs et nous fait des chefs de bande, ces vigoureux portraits.

« Les plus fameux étaient, sans contredit, de Pontcallec et de Salarum. De grande maison,

(1) Consulter à cet égard les relations du pouvoir central et de la province de Bretagne, par Letaconnoux.

(2) Journal d'un député de l'ordre de la noblesse aux Etats de Bretagne pendant la régence, par M. de Closmadeuc (édition des Bibliophiles bretons).

mais dissipateur et très obéré, le premier jouissait d'une des plus belles terres du territoire d'Hennebont. Logé dans un château entouré d'une magnifique forêt dont il n'était pas facile d'approcher, quand on n'avait pas l'avantage d'être de ses amis, il se trouvait assez près de la mer pour ne pas craindre le transport du tabac, sous les escortes des nombreux paysans dont il était seigneur; aussi, se livra-t-il tout entier à ce commerce indigne de lui.

Salarum était beau-frère du Procureur général et situé si heureusement pour la fraude, qu'il eût fallu la haïr pour se dispenser de la faire. Aussi en distribuait-il tant qu'on voulait et rien n'était plus commun de voir sortir, de son bois, cent chevaux chargés, à la barbe des commis qui n'osaient attaquer le grand nombre de paysans qui les conduisaient. »

Eh bien, que vous en semble? Ces deux marquis du XVIIIe siècle ne sont-ils pas une exacte réédition de notre Jean d'Epinay, frère d'un grand maître de Bretagne, admirablement placé pour faire la fraude et pratiquant, à la barbe des préposés de son temps, un commerce indigne de lui?

V

A quelle date la guivre milanaise apparut à Champeaux et par qui furent revisés les statuts de la collégiale.

Ces ombres loyalement constatées, continuons à nous rassasier de la gloire d'Epinay, tant qu'elle apparaîtra. Richard, frère aîné de l'évêque de Rennes et neveu du faux Saunier avait épousé en premières noces Marie de Gouyon. Veuf après quelques années de mariage et sans enfants, il se remaria à Béatrice de Montauban, d'où une couronne d'héritiers célèbres en Bretagne, en France, en Italie, dans les fastes de l'Eglise et de l'Etat. Elle se composait, cette couronne, d'un aîné appelé Guy, et surnommé le Grand, d'un cardinal-archevêque de Bordeaux, de quatre évêques, d'une abbesse de Saint-Georges et d'une fille mariée à Jean de Châteaubriand.[1]

La mère de ces huit enfants était fille de Guillaume de Montauban et de Bonne Visconti. De ce fait, la guivre ou si vous aimez mieux

(1) La statue tombale de ce Châteaubriand, provenant de l'église de Saint-Coulomb, était conservée par feu le comte de Palys, dans le parc du château de Clayes.

la vipère milanaise parut sur l'écu écartelé des d'Espinay devenus cousins d'un futur roi de France, Louis d'Orléans, petit-fils de la belle Valentine Visconti. Ce que valaient ces Italiens, un membre de l'Académie Française le dira à notre place, vous y gagnerez de tous points.

« Une race singulière et monstrueuse que ces Visconti, rappelant par l'énormité de leurs crimes, les pires Césars, mais politiques, retors et audacieux, administrateurs habiles, princes magnifiques, marchant de pair avec les familles royales et s'unissant à elles par des mariages; ne payant pas volontiers de leurs personnes dans les guerres qu'ils engageaient, mais experts, du fond de leur palais bien gardé, à se servir des condottieri et osant rêver, à la faveur du désordre général, de régner sur l'Italie presque entière. De leur despotisme féroce qui se jouait de tous les droits, les Milanais n'étaient pas sans souffrir.

Par moments même, ils perdaient patience, témoin le massacre d'un Jean-Marie Visconti, qui s'amusait à faire dévorer les bourgeois par des dogues dressés à cet effet. Cependant aucun mouvement sérieux ne fut jamais tenté pour restaurer la liberté. On était en somme habitué aux Visconti, ébloui par leur faste, flatté de leur puissance, reconnaissant de la prospérité matérielle qui en résultait.[1] »

Bien et dûment renseignés sur ces Visconti, disons à notre tour qu'en somme, leur guivre n'était qu'une vilaine bête, mais si les Milanais, en se laissant fasciner par elle, nous paraissent de grands benêts, que dire des peuples assez fous pour entretenir soigneusement des milliers de sangsues qui les saignent à l'eau rousse? Tant qu'à nous, Gaulois, admirateurs fanatiques de l'alouette qui monte, monte toujours en chantant, Souvenons-nous qu'il suffit du scintillant éclat d'un miroir pour nous faire tomber, comme elle, aux mains de l'oiseleur. Résignons-nous donc à voir la Guivre se tordre à côté du Lion d'Epinay dans cette grande salle où le 25 juillet 1477, les statuts de la Collégiale vont être revisés par la grave assemblée que préside l'évêque de Rennes, Jacques d'Espinay.

Dans cette circonstance, il a voulu près de lui son official Pierre Mehaud, chanoine de Rennes, le doyen de Champeaux Raoul Deschamps et les cinq autres chanoines de la Collégiale. Sans être au complet, le clan familial brillamment représenté, forme l'autre partie

(1) Thureau-Dangin, vie de Saint-Bernardin de Sienne.

de l'assistance. Trois petits-fils de Bonne Visconti y figurent au premier rang : Guy dont le faste et la générosité furent légendaires ; Jean et Robert deux futurs évêques. Viennent ensuite, comme juveigneurs ou alliés : André et Henry d'Espinay, l'un seigneur de la Courbe, l'autre sire de Serigné ; le châtelain du Bordage François de Montboucher, Jean de Châteaubriand, Robert Busson seigneur de Gazon, Le maître du Val Jean le Sénéchal et Pierre du Boisbaudry, tous empressés de s'unir pour affirmer les splendides générosités et la sage prévoyance des Fondateurs de ce collège de Champeaux « un des plus beaux et rares de la France, tel que peu de princes et seigneurs ont pareil droit de présentation ; car il est composé de six prébendes ou canonicats où à chacun il y a une cure annexée que présente le seigneur d'Espinay, sans qu'il soit besoin aller à l'évesque ni faire courir à Rome. Il y a dignité de Doyen, dix chapelains, quatre enfants de chœur, un maître de psalette et chaque chanoine doit avoir un prêtre sous lui. De ce collège, le revenu vaut huit mille livres environ. Le service divin rehaussé par une bonne musique, y est célébré avec beaucoup de dévotion. »

Cette haute réputation de régularité, de dignité, de dévotion constatée par du Paz au début du XVIIe siècle, il s'agissait, en 1477, de l'assurer par de sages règlements. Pensez-vous que le fougueux évêque de Rennes soit l'homme désigné pour y réussir ? N'en doutez pas. S'il a mauvais caractère, personne ne lui refuse les qualités d'un vigilant pasteur et en fait de statuts, il a donné sa mesure. Ceux qu'il a édictés dans l'assemblée synodale de 1464 sont, au dire de l'auteur du Pouillé Historique de Rennes ; « un recueil fort intéressant, rempli de curieux détails sur les mœurs, usages et coutumes du XVe siècle, époque où l'autorité ecclésiastique était en possession d'une grande et bienfaisante influence. » Ayant à cœur, l'honneur de son clergé et celui d'Espinay dont il se montrait à l'ordinaire si jaloux, vous concevez avec quelle fermeté, il voulut mettre à l'abri de tout désordre, ce cloître de Champeaux que son bisaïeul Robert avait fait édifier, enclore et cerner de bonnes murailles si faciles à fortifier aux temps de guerre civile. Là, chaque chanoine avait son habitation, son jardin, et l'usage de la cour et du puits que vous trouvez encore sur votre gauche, avant de passer le seuil de l'ancienne collégiale.

Dans cette clôture, vivait tout un peuple de clercs : doyen, chanoines, chapelains, choristes, l'évêque les soumit tous à des règles sévères peut-être, mais de nature à sauvegarder l'intégrité des mœurs, la régularité et la décence du culte dans un temps où la licence avait ses coudées franches. Voici du reste pour vous édifier à cet égard.

« Aucun du chapitre de Champeaux ne pourra coucher ou prendre sa nourriture ordinaire hors des maisons du cloître. Aucun d'eux ne pourra s'absenter sans demander congé au chapitre. Personne du chapitre soit doyen, chanoine, chapelain ou autre, ne pourra avoir aucune femme pour servante, voire même leurs parentes et même, ne pourra coucher aucune femme dedans le dit collège.

Les portes du cloître seront fermées tous les jours, à jour tombant, tant en été qu'en hiver et tous ceux du cloître, ayant des portes sur les rues, hors l'enclos de leurs jardins, devront les faire fermer et murer.

Ceux qui ont la charge des enfants de chœur ne les pourront envoyer ni leur donner congé d'aller en aucun lieu, hors du cloître, sans la permission du chapitre.

Enfin pour les longues absences comme d'un mois, outre le congé du chapitre, les chanoines seront tenus de prendre congé de Monseigneur l'évêque de Rennes et de Monseigneur le patron et fondateur et auront des prêtres et choristes pour les remplacer au chœur. »

Vous voilà bien avertis. S'il vous plaît de courir ici et là, de jouer ou de folâtrer dans les tavernes, libre à vous ! mais n'ambitionnez plus d'entrer au cloître de Champeaux, d'y être décorés de la chape et de l'aumusse, voire même de la robe de lin. Plus d'absences prolongées ! plus de portes ouvrant à la dérobée sur la campagne ! désormais, la régularité en tout et pour tous !

VI

Séjour des d'Epinay en Italie
Ce qu'ils en rapportèrent

Les règlements ainsi délibérés par Jacques d'Espinay et ses assesseurs furent approuvés par le Saint-Siège en 1484. L'évêque de Rennes, n'avait pu jouir de cette approbation, sa carrière s'étant terminée en 1482; mais le sort de ses statuts était en bonnes mains, cinq de ses neveux en effet, avaient reçu la consécration épiscopale et l'un d'eux, André, était en passe d'obtenir le chapeau de cardinal. A discourir sur cet illustre nous ne perdrons ni temps, ni peine. Né à Champeaux, André, ses études faites, avait été nommé Prieur de Saint-Martin des Champs à Paris. Sa parenté avec les de Montauban pourvus alors de grandes charges à la Cour de France, son mérite personnel, le firent distinguer par le roi Louis XI qui s'y connaissait en hommes. Esprit délié, on ne tarda pas à l'employer aux grandes affaires. Sacré archevêque d'Arles en 1476, il succédait peu après sur le siège archiépiscopal de Bordeaux à son oncle Arthur de Montauban, l'un des adversaires acharnés de Gilles de Bretagne. Ce fut en qualité de Primat d'Aquitaine qu'il parut aux Etats de Tours, si célèbres par la rédaction de leurs cahiers où, « dans un langage libre et hardi, les trois ordres exprimèrent leurs doléances, où, jamais, sur les chapitres de l'église, de la noblesse, du Tiers-Etat, de la marchandise et du Conseil du Roi, les réformes n'avaient été proposées d'une manière plus nette et plus catégorique. » Trois années après cette tenue, dépêché par le roi Charles VIII, André d'Espinay paraissait devant les Barons de Bretagne, réunis à Châteaubriant, sous la présidence du Maréchal de Rieux. Le Roi comptait sur lui pour décider la noble assemblée à laisser l'armée royale pénétrer au cœur du Duché, sous prétexte d'en chasser le duc d'Orléans, alors retiré à la cour de François II.

En tout autre temps, la mission eut été des plus délicates. Un breton à la solde du roi de France, n'eut rencontré chez des compatriotes qu'hostilité et dédain. En 1487, il se trouvait en face d'une haute noblesse dès longtemps habituée à se tourner vers le soleil levant, ce roi de France qui l'avait comblée de biens et d'honneurs. Espinay eut donc partie gagnée ; et l'année 1489 le vit revêtu de la pourpre cardinalice. Le 2 septembre 1494 comme prince de l'église et conseiller écouté de son royal maître, il passait les Alpes et entrait au pays des Visconti, en compagnie d'une élite de diplomates et d'hommes de guerre entraînés par Charles VIII à la conquête du royaume de Naples. On sait la marche triomphale d'une armée commandée par la Trémoïlle, les comtes de Montpensier et de Vendôme, les maréchaux de Rieux et de Gié, par l'heureux adversaire de Gonzalve de Cordoue, au premier combat de Seminara, ce brave Stuart, comte d'Aubigny, en France, comte d'Acri, de Squillazzo, en Italie. D'Espinay fut de cette longue fête, et au retour, ne manqua pas la glorieuse journée de Fornoue.

Passer un an du quinzième siècle dans la péninsule et rentrer en France, sans avoir subi l'influence du dilettantisme qui rêva « de transformer l'hôtellerie de douleurs peinte par le Dante, en un palais de fête où tout serait plaisir pour l'esprit et pour les sens, » ne le demandez pas aux Français de Charles VIII. Leurs demeures et les églises dont ils se disent patrons n'échappent point aux effets des nouvelles conceptions artistiques et littéraires cueillies en Italie. Epinay et Champeaux vous en offrent d'éclatantes preuves.

Au château, rien ne fut changé du côté de l'arrivée; l'aspect féodal demeura. En avant du pont-levis, on vit toujours l'espace plane qui servait au dressage des chevaux, aux joutes et aux luttes à l'occasion. C'est à l'opposé, à soleil midi, que commencèrent les transformations. Là, fut planté le superbe mail. Là s'élevèrent les fontaines signalées par du Paz, les pavillons renaissance dont l'un s'appelait *d'Aubigny*, en mémoire du Connétable de Calabre, devenu maréchal de France. Au nord-est, les yeuses d'Italie couvrirent les pentes de la Frapinière. Et du Paz d'écrire, alors que tout resplendissait encore : « Ce château fort spacieux, enrichi de salles et de chambres dorées avec force marbres, est tenu pour une des maisons les mieux bâties et les plus logeables qui soient en province. Il y a grand nombre de tours, pavillons et beaux corps de logis. Les cours et jardins sont embellis de deux belles fontaines ; le tout circuit et enfermé de murailles bien flanquées, avec fossés fort larges, à fonds de cuve, pleins d'eau et ont plus de mille pas de tour. L'issue est embellie d'un bois de haute futaie planté à la ligne formant de beaux promenoirs. »

Tandis que l'art italien commençait à prendre pied au château d'Espinay, le seigneur du lieu, Guy le Grand, gagnait sa dernière demeure.

Fidèlement attaché à la reine et duchesse

Anne, il avait vu l'apogée de sa race : quatre de ses frères élevés à la dignité épiscopale, sa sœur Françoise, abbesse de la célèbre abbaye bretonne de Saint Georges, son puîné André, cardinal, primat d'Aquitaine, puis primat des Gaules et Comte de Lyon; son fils unique, Henry, marié à Catherine d'Estouteville, une descendante du roi de France, Robert Ier.

Des honneurs de ce monde, il avait donc goûté le charme enivrant le noble seigneur! et voilà qu'au soir de sa vie, il avait senti combien peu ce clinquant pèserait dans la balance; qui sait même s'il serait porté à son actif ou à son passif? Tant qu'aux richesses : argent, or, précieuses gemmes, il faudrait tout laisser au seuil de la porte que la mort ne pouvait tarder à ouvrir; car pour lui, comme pour le plus humble de ses vassaux, elle viendrait, la terrible, l'inexorable visiteuse. Que faire alors? — Une chose toute simple et toute juste : se dire enfant d'Adam comme le commun des mortels, reconnaître que l'âme du noble et celle du vilain (pour emprunter un qualificatif fort heureusement discrédité), réclament égale rançon : le sang d'un Dieu. En un mot, avouer sa faiblesse native et implorer miséricorde. Guy d'Espinay n'agit point autrement en dictant le testament où le 2 mai 1494, il demandait à être inhumé dans la chapelle construite, par ses ordres, au côté gauche de sa collégiale et dédiée à Monsieur Saint Julien.

Mort au service du roi Louis XII, le 2 mai 1501, ses volontés furent scrupuleusement exécutées, et chaque jour, dans le sanctuaire où on l'avait couché, une messe chantée par les choristes du cloître fut célébrée à ses intentions. A l'heure où il disparaissait, depuis deux ans déjà, les Français commandaient au duché des Visconti, et rien n'empêche de croire que Guy d'Espinay ou son fils Henry, peut-être tous les deux, n'aient eu le bonheur d'entrer à Milan, le 6 octobre 1499, à la suite de leur royal maître, d'y passer sous l'arc de triomphe fleurdelisé, au sommet duquel on lisait, au-dessus d'un écusson, mi-parti France et Bretagne : Loys roi de France, duc de Milan ; de chevaucher lentement et fièrement, aux acclamations du peuple, dans les rues tendues de blanches draperies enguirlandées de feuillages, sur lesquelles les hermines et les lys remplaçaient, partout, la guivre héraldique, tenant entre ses dents, l'enfant rouge.

Si contre toute apparence, ni l'un ni l'autre de ces d'Espinay ne se trouvèrent à pareille fête, un héritier de leur nom vint au pays de sa bisaïeule, cueillir l'honneur d'un glorieux trépas, et la terre italienne but le sang de Nicolas, fils aîné d'Henry d'Espinay et de Catherine d'Estouteville. A son puîné Guy II, échut dès lors le devoir d'ajouter au renom de sa race. Si l'on en croit le Chapitre de Rennes, il ne faillit pas à la tâche.

« En reconnaissance de tous les dons conférés par les seigneurs de la maison d'Espinay à l'église de Rennes, voulant donner à Guy II d'Espinay un témoignage public et durable de gratitude, nous lui concédons le privilège d'avoir, dans cette église, une stalle affectée à son usage, armoriée de ses armes, entre les les stalles assignées aux deux dignités de chantre et de scholastique, vis-à-vis la chaire épiscopale.

Et de ce siège d'honneur, concédé à perpétuité, ajoutent les chanoines, jouira à jamais, de génération en génération, l'héritier principal et chef de la maison d'Espinay. »

Convenons qu'il paraît difficile d'offrir un témoignage plus expressif de respectueuse gratitude. Guy II, qui le reçut, comptait parmi ses nombreux frères, un trésorier de notre collégiale de Vitré, deux grands chantres chanoines de Rennes. Distinguez, entre ses autres puînés, Jean d'Espinay, seigneur du Boisdulier et logez son nom dans votre mémoire. Il est en effet le seul de sa race qui ait encore des représentants en ce vingtième siècle et nous comptons bien vous entretenir, à l'occasion, de ses arrière-petits-fils. En attendant, ajoutons à l'actif de son aîné.

VII

Les légendes d'Épinay.
Ses splendeurs

Quand vous montez d'Espinay à Champeaux, en suivant le vieux chemin parallèle au premier étang formé par le ruisseau venu de Beaufeu, vous trouvez à votre droite, assis sur un roc en saillie, un petit sanctuaire dédié à Saint-Job. De là, regardez à l'opposé; au-delà de l'étang, vous discernerez, à mi-côte, une construction ruinée. C'est le reste d'une autre chapelle dite de Saint-Abraham. Ces deux édifices vous offrent un témoignage de la piété de Guy II, et comme la légende ajoute souvent, au sérieux de l'histoire, les chaudes couleurs de son étrange floraison, on vous racontera, sans sourciller, que monsieur d'Espinay, pressé, paraît-il, par quelques-uns de ses ennemis, fit, d'un seul bond, franchir à son cheval l'espace compris entre les deux collines. Depuis, pour rappeler ce bond prodigieux et son succès inespéré, il aurait fait élever les chapelles Saint-Job et Saint-Abraham. Une fois partis dans le domaine du merveilleux, pourquoi s'arrêter court? Sachez-donc que les ouvriers employés des deux côtés de l'étang, n'avaient, à eux tous, qu'un seul marteau, qu'une seule truelle. Ces deux instruments voltigeaient alors d'ici, de là, suivant qu'il fallait tailler ou cimenter, et jamais, notez-bien, l'ouvrage ne fut, par cette voltige, retardé d'une seconde.

Dégagés de toutes ces fioritures, tenons pour véritables la générosité de Guy II, sa dévotion envers les personnages bibliques : Job, Abraham, la Madeleine; remarquons de plus, avec le savant abbé Duine, que la messe du premier de ces patriarches figure en écriture du seizième siècle sur le missel rennais imprimé en 1531 et portant, au catalogue de la bibliothèque de Vitré, le numéro 190. Nous pouvons donc, sans effort d'imagination, mettre vers le milieu du seizième siècle, ce livre liturgique aux mains d'un chanoine de Champeaux célébrant, dans la chapelle Saint-Job, une messe aux intentions de feu Guy II d'Espinay et de haute et puissante Françoise de la Villeblanche, son épouse.

Fils unique de ces pieux personnages, Guy III choisit pour compagne une fille de l'antique maison qui portait sur son écu les armes de France et d'Angleterre avec cette devise :

« A celui-ci, à celui-là, j'accorde les couronnes ». Tous deux menèrent grande vie en leur château d'Epinay. Croyez-en ceux qui reçus l'an 1548 par Guy et Louise de Goulaine gardèrent de leur hospitalité un souvenir ineffaçable. C'est à cette date en effet que le maréchal de France François de Scepeaux, seigneur de Vieilleville fut traité à Epinay comme il ne se peut exprimer. « On eut dit proprement un roy qui traitait un grand prince, non seulement pour l'apparat des vivres, qui était très opulent, ni de l'ordre qui y fut tenu six jours durant, mais pour la grande compagnie de noblesse qui se trouva alors au château, parmi laquelle il n'y eut espèce de passe-temps qui ne fut mise en avant; les gentilshommes d'une sorte, les dames et demoiselles d'une autre; *mais surtout la lutte et les danses emportèrent le prix, car la Bretagne a ces deux exercices d'excellence et de singulier sur les autres provinces de France.*

Le septième jour, cette grande compagnie se rompit à cause du partement de M. de Vieilleville qui fut conduit par monsieur et madame d'Espinay en une autre de leurs maisons fort belle et de très puissante assiette nommée Sauldecourt, où il fut magnifiquement traité deux jours entiers. Et là, ces deux seigneurs se donnèrent mutuellement la foy pour le mariage de leurs enfants. »[1]

Ces enfants, quel beau couple ils faisaient !

« Haute, droite et de fort belle taille, les cheveux blonds et sans aucune tache de rousseur, Marguerite de Scepeaux, écrit un contemporain, avait le teint merveillement clair, entremêlé d'une très naïve blancheur. Le tout était accompagné d'une humble modestie, d'un esprit très gentil, avec une grâce si douce et parler si élégant, qu'elle se rendait à chacun admirable. »

Voilà certes un séduisant portrait. Voyons son pendant. En la personne de Jean d'Espinay, nous avons l'avantage de vous présenter le premier marquis de ce nom. Or, dans ce temps-là, l'érection d'un marquisat ne marchait pas toute seule. Elle s'accordait en récompense d'éclatants services et il fallait en outre posséder une terre de belle étendue. Le tout était constaté par de solennelles lettres patentes.

La terre ne manquait pas à Jean d'Espinay et tant qu'aux services éclatants, ses pères en avaient été prodigues. Fort bien, mais on

(1) Sur François de Scepeaux, voir l'abbé Angot, Dict. hist. de la Mayenne.

peut avoir l'appoint du passé et n'être personnellement qu'un crétin fait pour la plus complète obscurité ; souvenez-vous d'ailleurs qu'au vingtième siècle, plus encore qu'au dix-septième, il est nombre de gens

Qui ne peuvent souffrir qu'un fat dont la mollesse
N'a rien pour s'appuyer, qu'une vaine noblesse
Se pare insolemment du mérite d'autrui
Et nous vante un honneur qui ne vient pas de lui.

Nous nous en souvenons, aussi sommes-nous heureux de témoigner, preuves en mains, que chez les d'Espinay,

« La vertu, d'un cœur noble, est la marque certaine ».

Après tout, ils nous appartiennent ces grands seigneurs. N'ont-ils pas laissé de leur passage en Vitréais, des œuvres admirées, décrites, photographiées, burinées, par tous ceux qui ont du loisir et le souci des belles choses? réjouissons-nous donc à entendre dire « que dès sa jeunesse, Jean d'Espinay se montra très appliqué à l'étude et bon philosophe, doué d'une si heureuse mémoire, qu'après avoir suivi l'académie de l'université et, durant trente ans, celle de Mars, il émerveillait les hommes doctes par sa subtilité et éloquence, par ses connaissances en astrologie et géométrie.

Libéral et charitable, amateur de justice et de vérité, il ne souffrait autour de lui ni menteur ni flatteur. Sa maison pouvait être considérée comme une école de toutes vertus. Bref, tout ce qu'on saurait penser ou désirer de louable en un noble cœur, était en celui de ce généreux seigneur. »[1].

Sur le compte de Jean d'Espinay, en rester là serait s'arrêter au beau milieu du chemin. Poursuivons! Chambellan du roi Henri II, il courut à la tête de cent chevau-légers tous les champs de bataille. On le vit très avant dans les mêlées en Allemagne, au pays Messin, au siège de Thionville, à Saint-Denis, à Jarnac et Montcontour, jouant toujours vaillamment son rôle, alors que la noblesse, loin d'être un mémorial péniblement toléré, apparaissait comme un ressort efficace.

D'un tel compagnon de route, Marguerite de Scepeaux pouvait se montrer fière à juste titre. Elle le fut. Tous deux s'entendirent pour remplacer les appartements seigneuriaux du xve siècle par le corps de logis actuellement existant et le semer à profusion de leur chiffre J.-M. En élevant cette construction de grande et froide apparence, l'architecte Ricaud eut

(1) Voir les Chevaliers de Saint-Michel, par de Carné.

toutefois le bon esprit de conserver en saillie à l'est, l'élégante tourelle où monte en spirale le superbe escalier de pierre conduisant à la grande salle et aux combles. Avant et après l'érection du marquisat, les courriers du roi s'arrêtaient au pied de cette nouvelle demeure et remettaient au maître de céans les lettres d'Henri III datées de 1580 et de 1589. Curieuses aux points de vue familial et historique, nous ne pouvons songer à vous en faire grâce.

VIII

Ce que disaient les lettres royales apportées à Épinay.

La première est une réponse. Jean d'Espinay s'était amèrement plaint au roi d'avoir été desservi par le sire de la Hunaudaie « à quoi je vous dirai, réplique Henri III, qu'il ne m'a été rien escrit ou fait dire, de la part de qui que ce soit, à votre désavantage, ni du sieur de Châteauneuf, ni de vos frères. Aussi ai-je tant d'assurance de la bonne affection que vous portez à mon service que je ne saurais rien persuader de vous et de ceux qui vous touchent, au contraire ». Sa bienveillance ainsi exprimée, le roi dit avoir fait écrire au Président du Parlement pour informer sur la plainte de M. d'Espinay et termine par cette pressante adjuration :

« Cependant je vous prie de vous maintenir tellement en la bonne volonté que vous démontrez avoir au bien de mon service et au repos de ce royaume, que votre fait particulier et celui de vos frères ne *soit occasion d'altérer le paisible état de mon pays de Bretagne* et vous me ferez service agréable... Priant Dieu,

Monsieur d'Espinay, qu'il vous ait en sa sainte garde. »

Bien compromis le paisible état de la Bretagne en 1580! Dès 1574, quelques jours avant la mort de Charles IX, Montmartin avait fait des siennes au pays de Vitré. Tombée entre ses traîtres mains, notre ville avait été remise, sous l'autorité du Roi, par les paysans des paroisses environnantes; mais depuis, protégés par la comtesse de Laval aussi huguenote que galante, les calvinistes s'étaient assemblés en armes au château où ils tenaient en sécurité leurs colloques et synodes.

D'autre part, écœurés par la faiblesse grandissante du pouvoir royal, sa politique de bascule odieuse et maladroite, les catholiques s'étaient ralliés au duc de Mercœur dont les convictions religieuses et les visées ambitieuses s'affirmaient à la fois en 1589 au siège de Vitré. Ceci rappelé, lisez avec l'attention qu'elle mérite cette seconde lettre royale datée du 23 avril 1589 et adressée au châtelain d'Espinay :

Monsieur le Marquis,

L'affection que vous avez ci-devant portée au bien de mon service et la nouvelle assurance que vous m'avez donnée par votre lettre du quinze de ce mois, de la continuation d'icelle, m'assurent assez de votre fidélité et que vous m'êtes bon serviteur.

Et voulant aussi vous témoigner de ma part comme je vous tiens pour tel, selon que toujours je vous ai fait connaître, je fais état, qu'étant *mes affaires brouillées comme elles sont en Bretagne, vous assisterez de force et de conseil mon cousin le comte de Soissons* que j'envoie au dit pays, pour s'opposer aux desseins du duc de Mercœur; comme je vous en prie et de croire que je saurai bien reconnaître les bons services que vous me ferez près de mon dit cousin.

Au reste, je ne vous cèlerai pas que je suis bien averti des *mauvais services que me fait l'évêque de Dol, votre frère* et désirerais, pour votre contentement et le sien, qu'il fut plus avisé et se gouvernât mieux, suivant sa vocation et la charge à laquelle il est appelé, *afin de m'ôter la volonté d'y pourvoir et l'en faire repentir, comme je serai contraint de le faire s'il ne change bientôt ses déportements;* priant Dieu qu'il vous ait, Monsieur le Marquis, en sa sainte garde[1].

---

(1) Voir dom Morice, Hist. de Bret., 3e vol. des preuves.

Aidé ou non des conseils du marquis, le comte de Soissons fut battu à plates coutures et fait prisonnier par le duc de Mercœur auquel, l'évêque de Dol, Charles d'Epinay, avait fait décerner, cette année même, le *titre de Protecteur de la religion catholique en Bretagne.*

Ce coup droit porté au roi qui se disait très chrétien, le prélat eut-il à le regretter ? Du tout. Sans avoir le temps ni le pouvoir de l'en faire repentir, le dernier des Valois expirait le 2 août 1589, quelques jours après la défaite de son cousin M. de Soissons. L'évêque, lui, mourait de sa belle mort le 12 septembre 159[illegible] en sa bonne ville de Dol.

Le 9 décembre de la même année, âgé de 63 ans, Jean, premier marquis d'Espinay, comte de Durctal et en partie de Rochefort et de la Roche-Guyon, baron de Mathefelon, vicomte de Blaison, seigneur de Segré, d'Escures, de Sauldecourt, de Sérigné, de Bretignolles, d'Estiau, de Maumusson, de la Vaizouzière, de Boucré et de la chapelle Saint-Lau, chambellan et gentilhomme ordinaire de la Chambre du Roi, chevalier de son ordre, capitaine de cinquante hommes d'armes, sénéchal de Castres et d'Albigeois, rendait son âme à Dieu et s'en allait rejoindre, dans l'autre monde, son fils Claude, blessé à dix-sept ans, à Moncontour, et mort en 1584 maréchal de camp et chevalier de Saint-Michel, son frère l'évêque et un autre de ses puînés, Antoine d'Espinay, seigneur de Broons, son émule aux batailles de Saint-Denis, Jarnac et Moncontour, chevalier de l'ordre aussi lui, lieutenant du duc de Mercœur et gouverneur de Dol où, le 7 janvier 1591, ses troupes victorieuses le rapportaient mortellement blessé.

IX

La Collégiale en 1591

En laquelle de ses nombreuses seigneuries, Jean d'Espinay avait-il fini ses jours[1] ? Nous inclinons pour Champeaux, sans être toutefois documenté à cet égard. Un fait hors de doute, c'est qu'il voulut être inhumé près de sa collégiale.

Marquer dignement sa tombe creusée au côté méridional du chœur fut l'une des pieuses préoccupations de sa veuve. Pour y réussir, elle fit élever par son architecte Ricand un caveau funéraire et au-dessus une chapelle formant tribune.

Ce fut la dernière signature des d'Espinay sur le monument destiné à raconter leur foi, leur générosité, leur puissance. Pourquoi ne pas y pénétrer alors qu'il est encore indemne des injures du temps et des hommes?

Il se compose d'une seule nef accompagnée

---

(1) Du chef de sa femme, Jean d'Espinay tenait le comté de Duretal dont la juridiction s'étendait sur dix-huit paroisses. Centre de ce comté, la petite ville de Duretal, assise sur la rive droite du Loir, possède un château féodal. C'est dans cette curieuse demeure que le maréchal de France, François de Scepeaux, reçut trois fois le roi Charles IX.

de chapelles irrégulièrement disposées sur sa droite et sa gauche. Cette nef est terminée par un chevet droit ajouré d'une superbe fenêtre flamboyante. De cette fenêtre un habile peintre verrier sut faire un tableau dont l'éclat et la variété des couleurs, le nombre, l'attitude et l'heureuse disposition des personnages, attirent et retiennent le regard. Au milieu des soldats, des bourreaux, des Prêtres, des voleurs qui regardent mourir le Christ, vous distinguerez la Madeleine et le bon Larron. A voir le triomphe de leur repentir, en songeant aussi à cette multitude sur laquelle le sang d'un Dieu ne coule pas en vain, peut-être direz-vous au fond de votre cœur délivré d'un odieux pharisaïsme :

Douter de ta bonté, quel orgueilleux blasphème !
Pour l'homme n'es-tu pas le pardon, l'amour même?
Un seul regard de toi sur l'obstiné pécheur
Suffit à transformer son esprit et son cœur.
C'est ainsi qu'à tes pieds l'on vit la Madeleine,
Et la femme adultère et la Samaritaine,
Le Publicain, jadis, si jaloux de son or,
Aux pauvres, tes amis, partager son trésor.
Et nous, comme eux, sortis d'une vile poussière,
Oserons-nous juger et classer notre frère?
Où chercher ce larron par les juifs condamné?
Aux célestes parvis, absous et couronné !

Si vous approchez de cette suggestive verrière avec l'intention d'en admirer davantage le détail, attendez-vous à des distractions inévitables. Vous passerez, en effet, entre les deux rangs de stalles où les chanoines, chapelains et choristes de Champeaux psalmodiaient naguère les heures canoniales ; et ces stalles sont de véritables chefs-d'œuvre. On l'a dit en ces excellents termes.

« Rien de plus gracieux que la broderie légère, riche et délicate qui décore leurs baldaquins ; rien de plus varié que les décorations des panneaux formant dossier, des supports, des accoudoirs, des miséricordes elles-mêmes. L'imagination la plus féconde et le goût le plus exquis semblent avoir présidé à ce travail à peu près unique dans son genre au diocèse de Rennes. Toutefois, ces dentelles légères, ces enroulements et arabesques, ces figures mythologiques ou grotesques, toutes ces décorations en un mot, exécutées avec tant de verve ne contiennent rien qui annonce la piété des artistes, ni l'intention chrétienne des donateurs. C'est l'élégante renaissance au temps de François Ier avec ses beautés et ses défauts. »[1]

Renaissance encore, mais d'un genre plus italien et plus païen, le mausolée élevé par

---

(1) Cours d'archéologie par le chanoine Brune.

Louise de Goulaine à son mari Guy d'Espinay ! Vous ne perdrez pas de temps à le chercher. Son aspect massif tranche trop sur la sveltesse des stalles que vous venez d'admirer pour ne pas être aussitôt remarqué.

Sauf les dimensions, et l'emploi de la pierre et du marbre, vous diriez adossé à la côtière nord du chœur, un meuble italien à deux corps *fermant à deux battants de bois ornés de l'écusson d'Espinay et de Goulaines.* Des sculptures, des incrustations de marbres de diverses couleurs, lui forment un riche revêtement. Au sommet de son lourd fronton soutenu par de hautes colonnes, une inscription en vers latins fort alambiquée, suivant le goût de l'époque, met en scène la terre, l'air, le Styx, l'onde, l'amour et la renommée. Ici et là, des cartouches portent la date de l'érection 1553, le chiffre des époux dont les effigies dépouillées de tout, même d'un linceul, gisent actuellement sur les tablettes inférieure et supérieure du monument.

Passez sous le grand arceau qui le sépare des stalles, vous serez dans la chapelle érigée par Guy le Grand, en l'honneur de monsieur Saint-Julien[1]. Vous y trouverez la pierre

(1) Dite de nos jours chapelle Sainte-Barbe.

tombale du Fondateur et de sa femme Ysabeau Gouyon, celle de leur petit-fils Guy II. Testant le 3 juin de l'an 1522, ce constructeur des chapelles Saint-Job et Saint-Abraham avait ordonné « son corps être inhumé en l'église de Champeaux et porté en terre par six de ses méteiers, à chacun desquels il donna deux aulnes et demi de drap noir pour faire une robe et aussi une mine de bled seigle. »

De ses tons chauds, une verrière de belle facture éclaire cette chapelle. Elle représente le martyr de Sainte-Claude. Cruellement torturée, la vierge chrétienne gagne le Ciel, tandis qu'à ses côtés, l'âme d'un apostat, emportée par un diable vert, gagne le lieu des pleurs et des éternels grincements de dents. L'auteur de cette œuvre s'il vous plaît ? il est si agréable de rendre hommage aux travailleurs de conscience et de talent ! Faut-il attribuer ce vitrail au signataire des verrières de Louvigné R. Allaire, ou lui préférer Jean Adrian, le peintre habile, occupé, en 1517, à œuvrer un lion en bosse d'argent, trente couronnes, six cèdres, cinq lions en plate-forme, des portes dorées et autres choses requises pour l'entrée à Vitré de la comtesse de Laval Anne de Montmorency ? Tout franc, nous sommes tentés de lui préférer Allaire. *Tentés* remarquez bien et pesez nos raisons. Tous les deux, avouons-le, étaient experts à représenter les armoiries d'Espinay : Allaire en Vitréais, Adrian à Toussaint de Rennes où il rétablissait une verrière détruite en 1513; mais Allaire travaillait à Louvigné en 1567; or c'est entre 1554 et 1567 que fut mise en place la vie de Sainte-Claude. S'il peignait encore à cette date, Adrian, âgé de quatre-vingts ans, au moins, devait avoir la main bien tremblante. — Il suffit. Allaire est notre homme jusqu'à voir. Pouvez-vous expliquer comment il eut l'idée de placer Sainte-Claude, là où Saint-Julien avait tous les droits ? — L'explication ! mais elle est sous vos yeux. A votre droite, lisez l'inscription gravée sur le mausolée élevé par Charles d'Espinay à la mémoire de sa sœur Claude fauchée en son printemps, l'an 1554, née pour les « muses, instruite par elles, une Minerve pour la chasteté. » A ce langage qui pourrait se douter entendre l'abbé de Saint-Gildas-des-Bois, le futur évêque de Dol? Que diriez-vous donc des sonnets amoureux qu'il publia à Paris chez Barbé en 1559?—Qu'en fait de réalisme, c'était complet, et par suite, moins que rien en fait de chasteté; d'où la nécessité de poursuivre la réforme des mœurs en ce Concile de Trente si traversé, si fécond, quand même, dans ses résultats;

d'où encore l'opportunité d'établir, de favoriser les congrégations destinées à la formation des clercs, à l'éducation de la jeunesse.

Mal parti, Charles d'Espinay ne tarda pas à s'apercevoir qu'il faisait fausse route et tourna bride. A l'exemple de la Madeleine protectrice de sa race, il jeta aux pieds du Christ son impur bagage pour devenir à Dol un excellent prélat. Oublions donc la muse éhontée de sa jeunesse, en songeant à l'ardeur de sa foi, à l'héroïsme triomphant de la vierge chrétienne qu'il voulut voir au-dessus de l'autel où l'on priait pour sa sœur Claude. Dans ces pensées, descendons la chapelle Saint-Julien pour rentrer dans la nef, la traverser et pénétrer dans la chapelle du Saint-Esprit, ce petit sanctuaire où tout est admirable : l'autel et son dais finement sculpté, son retable en demi-ronde bosse, son éclatant vitrail daté de la première moitié du seizième siècle. L'esprit et le goût satisfaits de ces belles œuvres, remontons la nef et ses stalles dépassées, passons à droite sous l'écusson des d'Espinay. Nous voilà dans le couloir sur lequel s'ouvrent les portes du caveau funéraire, de la sacristie et de la salle capitulaire. Montons quelques marches et nous serons dans la chapelle-tribune construite par Marguerite de Scepeaux. Pavée de briques historiées et armoriées, elle est éclairée par deux fenêtres à meneaux où les verriers du temps ont peint le sacrifice d'Abraham et la vie du saint homme Job. Aux murs de cette chapelle, un jour de grande fête, appendez les tissus à franges portant, en ordre, toutes les armes d'alliances de la maison d'Espinay ; tendez le sanctuaire avec les six tapisseries représentant la vie de Sainte-Madeleine ; exposez ailleurs la haute lisse du crucifiement de Notre-Seigneur ; ornez le devant du grand autel d'un drap d'or semé d'armoiries; dressez, près du chœur, cette grande croix d'argent ayant d'un côté l'image de Notre-Seigneur crucifié et de l'autre, l'image de Notre-Dame, où sont également quatre pièces rapportées d'argent doré émaillées, sur lesquelles apparaissent les images des quatre évangélistes et à l'opposé le lion d'Espinay, le vairé des Scepeaux, les léopards d'Angleterre et les lys de France ; sur les divers autels, placez les riches reliquaires, jetez sur les épaules des chanoines, chapes de velours ou chapes de drap d'or resplendissantes des armoiries des donateurs ; et étonnez-vous ensuite que, dans leur entourage, il se trouve d'enthousiastes louangeurs capables d'écrire l'abrégé de l'antiquité, noblesse et hautes alliances de la maison d'Espinay ;

l'abrégé généalogique de la même maison contenant sa directe et les 512 quartiers de monsieur le Marquis d'Espinay de Broons.

Vous paraît-il que Jehan Le Geay et Gédéon Le Geay de Kerdaniel, se soient quelque peu hypnotisés autour des mesquineries de cette noblesse, pour emprunter les expressions d'un romancier en faveur ?[1] Soyez leur indulgents et ne laissez pas de saluer, avant de vous séparer d'eux, tous ces vaillants, pieux et généreux d'Espinay dont le nom se trouve gravé si profondément dans nos annales vitréennes, dans celles de Bretagne et de France.

---

(1) Voir l'impitoyable critique intitulée : *L'Emigré.*

X

Les derniers d'Epinay de la branche aînée. Le contrat fatal.

Restée veuve et garde naturelle de ses petits-enfants, Charles et Françoise d'Epinay, Marguerite de Scepeaux obtint d'Henri IV des lettres de sauvegarde. Le roi y parlait ainsi : « Scavoir faisons que désirant bien et favorablement traiter notre bien-aimée cousine la dame Marquise d'Espinay et ses petits-enfants et la décharger des logements et oppressions de nos gens de guerre et conserver les villes, châteaux et places fortes d'elle et de ses petits-enfants, sous notre obéissance, comme elles ont été au passé, par sa diligence pour notre service, nous avons mis en notre protection, et sauvegarde générale et spéciale tout ce qui lui appartient, sa famille et ceux qu'elle commettra pour commander en ces dites villes et châteaux. »

Ainsi protégée, Marguerite de Scepeaux traversa, sans trop d'encombre, les dernières années de guerre civile et vit se lever l'aurore de cette paix saluée avec tant d'enthousiasme par tous les Français dignes de ce nom.

L'année même où le Béarnais entrait en l'église Notre-Dame de Vitré, joyeusement entouré, elle mariait sa petite-fille au comte de Nanteuil Henry de Schomberg, un brave et un habile, fait maréchal de France en 1625. Fils d'un allemand naturalisé français, Schomberg ne marchanda pas ses services au pays que son père avait adopté. Au siège de la Rochelle en 1628, il forçait, l'année suivante, le Pas de Suze, se rendait maître de Pignerol et rentré en France, il gagnait en 1632 la bataille de Castelnaudary sur le révolté Henri de Montmorency.

Ce fut le fils de cet illustre, illustre lui-même, qui devint marquis d'Epinay après son oncle décédé sans enfants. Venu de l'Est, marié dans le Nord et de ce fait duc d'Halwyn, bien en cour, le vainqueur des Espagnols à Leucate, Charles de Schomberg, s'intéressait peu aux choses de Bretagne. Trouvant donc à traiter de pair, il vendit son marquisat à Henri de La Trémoïlle. Chez les parties contractantes qui trouvaient, l'une, l'occasion de palper des centaines de mille livres, l'autre, la satisfaction de posséder enfin le grand fief formant barrière sur sa baronnie, le contentement fut égal. Mais à partir de ce contrat de vente, adieu les splendeurs d'Epinay! A nous de marquer les étapes de leur longue décadence.

La première se date du septième d'avril 1633. Ce jour là, les notaires gardes-notes du Châtelet de Paris, de Beaumont et Capitaine, se rendent rue Saint-Honoré, paroisse Saint-Germain-l'Auxerrois en l'hôtel de Schomberg. Ils y trouvent les parties intéréssées qu'ils nous présentent dans tout l'appareil de leurs imposantes dignités ; et d'abord, Charles de Schomberg duc d'Halwyn Pair de France, conseiller du Roi en ses conseils d'Etat et privé, gouverneur et lieutenant pour sa majesté en Languedoc, ville et citadelle de Montpellier, capitaine de la compagnie de deux cents chevau-légers de la garde de sa dite Majesté, marquis d'Espinay, comte de Duretal et de Nanteuil.

Près de ce favori de Louis XIII, qui recevra le bâton de Maréchal de France après sa victoire de Leucate, apparaît Anne, duchesse d'Halwyn dont le douaire de cent mille livres est assigné sur le Marquisat d'Epinay.

En troisième, voici le fils de Brabantine de Nassau, Henri de la Trémoïlle, duc de Thouars, pair de France, prince de Talmont, comte de Laval, Montfort, Quintin et Taillebourg, vicomte de Rennes, baron de Vitré, Avaugour,

Montaigue, Mauléon, Besry et autres lieux.

A l'approbation et à la signature de ces grands personnages, de Beaumont et Capitaine offrent la rédaction des conventions ci-après :

Les de Schomberg déclarent vendre à la Trémoïlle leur Marquisat d'Epinay, autrement appelé La Rivière d'Epinay, ensemble les terres de Sauldecourt, d'Escures, de Scrigné et métairies en dépendant.

Le tout consiste en châteaux, maisons, fiefs, justices, juridiction, cens, rentes, patronages, présentations, collations ; domaines, moulins, rivières, pescheries, bois de haute futaie, taillis ;

Droits d'usage en forêts de Rennes, Saint-Aubin-du-Cormier et Liffré, tant gros que menu, à cause des maisons d'Escures et des Landelles dépendant de la dite Seigneurie d'Escures avec droits de pasnage ès-dites forêts ;

Droits de marc et d'estallonage en la ville de Rennes et autres.

C'est du pur langage féodal. Subissons-le, puisqu'en 1633, il est encore d'usage et, à mesure qu'elles apparaîtront, notons, sans parti-pris, les raisons qui l'ont condamné à disparaître.

Les notaires de Paris, après l'avoir tenu, établissent très succinctement l'origine de propriété. Monsieur de Schomberg est devenu maître du marquisat par le décès de sa mère Françoise d'Espinay, par celui de son oncle Charles d'Espinay, le mari de Marguerite de Rohan.

Au nom de leur client, ils exceptent expréssement du contrat la métairie du grand Maulines, les moulins de Raoult et du Pont, le fief du Cerneix et un autre qui s'étend dans la paroisse de Saint-M'Hervé. Sont encore exceptés les bestiaux de toute qualité étant aux terres et métairies, lesquels demeurent aux vendeurs pour le tout, à la réserve des parts et portions des fermiers et métayers.

Monsieur et madame de Schomberg resteront également maîtres de tous les meubles, actuellement tant au château d'Epinay que dans les autres maisons de la Seigneurie. Ils auront un délai de trois mois pour les enlever.

Voilà qui est clair.

Tout ce qui resplendit à l'intérieur d'Epinay disparait. Les superbes tapisseries appendues aux murailles, les grands lits avec leurs ciels et leurs courtines de soie, de velours, de toiles d'or et d'argent, les dressoirs sur lesquels s'étalaient, en grand triomphe, les drageoirs, les coupes, les aiguières, tous les meubles à l'Italienne incrustés d'ivoire, les statues, les bahuts du quinzième siècle et de la renaissance prendront le chemin indiqué par le duc et la duchesse d'Halwyn. A monsieur de la Trémoïlle de meubler ensuite à son gré ! et comme il a grand château à Thouars, grand château à Vitré et bien d'autres résidences, il y a gros à parier qu'Epinay restera fort dégarni. Nous verrons bien. En attendant, il faut poursuivre la lecture du fatal contrat.

Les terres et seigneuries vendues, sont, au dire de monsieur de Schomberg, tenues et mouvantes en partie du Roi, en partie de l'acquéreur à cause de sa baronnie de Vitré, en partie d'autres seigneurs particuliers.

L'acquéreur reste chargé de payer toutes rentes annuelles et foncières ; d'acquitter les rentes dues au Chapitre de Rennes, à celui de Dol, à celui de Champeaux pour fondations et autrement.

Il devra conserver les officiers des dites seigneuries et juridictions, les laisser exercer leurs charges et en jouir, si mieux n'aime monsieur de la Trémoïlle les rembourser et dédommager. Les greffiers des terres et seigneuries seront également ou remboursés ou confirmés en leurs charges.

Le duc et la duchesse d'Halwyn promettent de délivrer, sous trois mois, au duc de la Trémoïlle les titres et débornements du Marquisat.

Il est entendu que le douaire de cent mille livres, accordé à la Duchesse sur le marquisat, sera transféré sur le comté de Nanteuil.

Pour prix d'acquisition, le Baron de Vitré duc de La Trémoïlle et de Thouars versera trois cent trois mille livres tournois payables comme suit:

Cent trois mille livres en passant le contrat; Henri de La Trémoïlle les paya en pistoles d'Espagne, quarts d'écus et autres monnaies..; Cent mille livres un an après, et une seconde année écoulée, encore cent mille livres.

L'intérêt sera calculé à raison du denier 16 et payable, de six mois en six mois.

L'acquéreur aura la liberté de se libérer, avant l'échéance, par paiement d'au moins vingt mille livres.

XI

Comment sur le terrain colonial et commercial, les Vitréens et les d'Espinay s'employèrent de leur mieux.

Trois cent mille livres au temps de Louis XIII vaudraient de nos jours, au bas mot, quatre millions. En les versant, Henri de la Trémoïlle ajoutait à ses nombreux titres. Restait à prendre possession. Il le fit, par procureur, le 30 juin 1633. Avant de suivre cette curieuse et instructive formalité, remarquons que le marquisat, tout en présentant encore une belle apparence doublée d'une appréciable réalité, avait subi démembrement sur démembrement. Charles de Schomberg vous avouait tout à l'heure, l'aliénation d'une métairie, de deux moulins et de plusieurs fiefs. Précédemment le 6 novembre 1610, cent soixante journaux de bois de haute futaie et de taillis sis en la paroisse de Marpiré avaient été cédés par le père du duc d'Halwyn aux vitréens Mathieu Le Moyne de la Reboursière et Jean Nouail du Val. Charles d'Espinay, oncle du duc s'était défait, moyennant finances, de la Courbe, de son moulin, du Bois-Bide et de la Visseulle. Etienne Lambaré de la Pajeotière et Michel Le Bigot de Monlévrier en étaient devenus les heureux propriétaires.

Ils avaient donc leurs coffres bien garnis ces bourgeois de Vitré ? — Vous l'avez dit et ce n'était pas en béant aux corneilles qu'ils s'enrichissaient.

Sous les auspices de la Vierge Marie, dont sur terre et sur mer ils s'avouaient les fidèles serviteurs, on les voyait partir en troupes vers Nantes et Saint-Malo, s'y embarquer avec les ballots de toiles de Bretagne qu'ils expédiaient d'Espagne ou portaient eux-mêmes aux Indes orientales ou occidentales. De là, ils revenaient avec de la cochenille, de l'indigo, du café, du tabac, des pelleteries, de l'ivoire et d'autres précieuses denrées.

Nous ne nous sommes pas épargné pour les peindre actifs, généreux, désintéressés. A notre grande joie, des écrivains de marque, ont ajouté à nos efforts. En voulez-vous une preuve? Prenez dans la collection de la revue hebdomadaire, le numéro du 7 septembre 1907[1]. Parmi ses articles choisissez celui que monsieur Charles de la Roncière a intitulé : *Premier voyage français autour du monde*, et lisez :

(1) A nous aimablement communiqué par M. Bougenot, conservateur de la bibliothèque de Vitré.

« Pierre Olivier Malherbe de Vitré en Bretagne avait treize ans lorsqu'un de ses oncles en 1581 l'emmena en Espagne. Etabli à San Lucar de Barrameda, il se familiarisa si bien avec la langue et les coutumes du pays qu'on le prit dans la suite pour un Castillan. Dans une cédule délivrée à un de ses compatriotes de Vitré (Estevan Frain) ne signait-il point lui-même en 1592 Petro Lopez Malaierva mercader breton ?

La dette ainsi contractée avait pour but de couvrir les frais d'un grand voyage qui se trouva être le *tour du monde.* »

La cédule en question, nous l'avons imprimée aux pages 100 et 101 de nos Familles de Vitré. Elle constate les engagements de Pierre Olivier Malherbe envers Etienne Frain pris et signés en présence des témoins Morel et Richard Gouverneur, deux vitréens de la plus belle eau, en San Lucar, en siete de noviembre de milquinientos noventa y dos.

Peu après, Malherbe embarqua pour le Mexique avec ses ballots de toile. En compagnie de Valdès, il y découvrit une mine d'argent. Le vice-roi Mendoza, par jalousie et cupidité, fit empoisonner Valdès. Malherbe, se tenant pour averti, détala au plus vite et gagna à pied le Pérou. Chemin faisant, il vit à Panama le monceau d'or qu'on envoyait en Espagne et l'évalua à une trentaine de millions. Arrivé au Pérou, observateur toujours en éveil, il admira un filon d'or pur, large de deux doigts, et descendit dans la mine d'argent de Potosi la plus riche du monde. De Lima, il s'embarqua pour les îles Salomon. Son vaisseau dériva vers le détroit de Magellan et notre homme, au lieu d'aborder aux îles Salomon, s'en fut aux Philippines et de là en Chine. Trois mois de séjour à Canton le jetèrent dans le ravissement. Mais, né pour le mouvement, il abandonna ce séjour enchanteur et, au travers la Cochinchine, il gagna et visita le Cambodge, le Siam, le Pegou et l'Inde orientale. Dans une des baies de ces régions, trouvant un navire en partance, Malherbe s'embarqua pour une longue croisière qui le conduisit, d'escales en escales, jusqu'aux extrémités de l'océan indien, au cap de Bonne-Espérance et à Melinde. Revenant alors vers l'Hindoustan, notre homme s'enfonça dans le Bengale. Travailleur et merveilleusement doué, il apprit, avec ses divers guides, le Persan, l'Hindoustani, le Tartare et arriva aux cours de Lahore et d'Agra où régnait Akbar fils de Baber.

Là, son énergie, l'étendue, la variété de

ses connaissances, le charme de sa conversation le rendirent bientôt *persona grata.* Le Grand Mogol le conviait à sa table, le forçait à rester couvert en sa présence et de temps à autre, lui envoyait, comme sportule, de petits sacs pleins d'or. A la faveur de cette bienveillance, le vitréen remonta le Gange durant quatre cents lieues, pénétra dans le Thibet et passant par les défilés des monts du Kaboul, s'en fut visiter Samarcande, sa grande rue des marchands où l'éclat des pierreries se mêlait aux couleurs chatoyantes des étoffes de soie.

En 1605, Malherbe vit mourir son protecteur Akbar et couronner son successeur Khan Selim. Cet évènement ne changea rien à l'existence du voyageur. Il fut le familier du fils comme il avait été celui du père, ce qui ne l'empêcha pas de partir pour Ispahan où, par un bonheur inouï, il devint le favori du Shah Abbas. Pourvu d'une pension sur le trésor persan, Malherbe eut pu trouver là les délices de Capoue. Il s'y déroba, saisi qu'il était du désir de revoir enfin et la France et son petit Vitré. A Bagdad, des tribulations, l'attendaient. Il en prit son parti et poursuivant sa route par la Chaldée, Babylone, la Terre sainte et Alep, il atteignit la Méditerranée. Une heureuse traversée le conduisit à Marseille en 1608. De là, il courut à Vitré. Reçu et fêté par tout le clan des Malherbe, il songea bientôt à faire profiter la France de son acquis ethnographique et commercial. Dans ce but, une audience fut demandée au Roi Henri IV qui l'accorda.

Arrivé à Paris, Malherbe sut se concilier les savants et les curieux, intéresser le Roi et se faire un partisan de la Reine.

« Pour naviguer en toutes les Indes, y trafiquer, y découvrir davantage, pénétrer en terre ferme et se prévaloir, avec main forte, de certaines mines d'or et d'argent découvertes par lui dans l'Inde orientale, il proposait plusieurs moyens faciles. Il s'offrait, en outre, d'être lui-même le conducteur de ceux qu'on voudrait envoyer à la recherche de ces mines. »

La reine reçut de lui un chapelet de cinquante-six grains de dents de néréides. On le voyait exhiber, devant ses auditeurs, des échantillons de mines d'or, d'argent, de cuivre, les perles d'Ormuz, les turquoises de Perse, les pâles rubis des bords du Gange, les larges émeraudes du Pérou.

Tout eut marché de charme sans la sourde opposition de Sully. Malherbe se lassa de promesses sans effets et se retira en Espagne. On le rappela ; « mais le charme était rompu et le vitréen retourna outre monts pour y mourir. »

Eh bien, contempteurs systématiques du passé, que dites-vous de ce vitréen du seizième siècle qui n'eut à sa disposition, ni chemins de fer, ni navires à hélices, ni fils télégraphiques, ni subvention de l'Etat ? haussez-vous tant que vous pourrez; arriverez-vous à l'égaler en intelligence, en initiative, endurance et courage ? Donc à l'avenir, un peu plus d'honnêteté, de modestie s'il vous plaît ! et surtout, ne cherchez plus à en imposer à ceux qui, obligés de gagner leur pain à la sueur de leurs fronts, n'ont pas le temps de contrôler des assertions affirmées avec fatuité et souvent dictées par l'ignorance ou la haine.

Peut-être pensez-vous que cette charge à fond, nous emporte bien loin d'Epinay. Détrompez-vous; mais n'allez pas vous imaginer qu'en fait d'entreprises commerciales et coloniales, les voies nouvelles, soient. à cette date, interdites aux gentilshommes et ouvertes seulement aux gens du Tiers. Les faits vous contrediraient. Epinay, lui-même, s'élèverait contre vous. Aux seizième, dix-septième et dix-huitième siècles, nombre de privilégiés n'ont aucun goût pour les rêves stériles, le métier de fraudeur, l'immobilité qui dédaigne et s'isole. Ils agissent en conséquence. Voyez plutôt ce descendant de Jean d'Espinay seigneur du Boisdulier. Il entend dire en 1664 que Colbert organise une expédition pour la colonisation de Madagascar, il donne aussitôt son nom et part chercher fortune. Sa conduite le fait distinguer ; on le nomme procureur général du conseil souverain des Indes, et le voilà marié à Isabelle de Castro , d'où, toute une série d'administrateurs remarquables, (dont l'un a sa statue au chef-lieu de l'île de France), de braves officiers de terre et de mer, et de nos jours, un sculpteur de grand talent. Il paraît décidément, qu'on ne peut accuser les opérations commerciales d'avoir enlevé une parcelle d'honneur au nom des d'Epinay. Achevons de vous en convaincre par la lecture de cet alinéa cueilli dans la Bio-bibliographie bretonne de Kerviler.

« J'ajouterai que sir William Barclay, dixième baronnet de sa race et Aide de camp du gouverneur de l'île Maurice, s'étant allié aux d'Epinay en épousant une de leurs nièces obtint l'autorisation d'ajouter à son nom celui de d'Epinay d'où : les d'Epinay Barclay dont Frédéric-Charles major-général dans l'armée anglaise. »

XII

Prise de possession du Duc de la Trémoïlle. Châteaux, Maisons fortes, Manoirs.

Très rassurés sur le sort des familles qui gardant, hors de toute atteinte, leurs principes constitutifs savent en varier les manifestations suivant les époques et les lieux, retournons assister à la prise de possession de son Altesse le duc de la Trémoïlle. A son lieu et place, il a délégué, Jean Grimaudet de la Lande son conseiller et secrétaire. Grimaudet qui vient de l'Anjou, est un calviniste. Cela vous étonne n'est-ce pas ? Comment la Trémoïlle, revenu à la religion de ses pères dès 1628, a-t-il pu conserver près de lui un hérétique ? — Mais Henri IV a bien gardé Sully le sachant bon serviteur. Pourquoi la Trémoïlle agirait-il autrement vis-a-vis Grimaudet? Lui s'est converti librement, et il irait violenter son serviteur ! Non, non, on fait ainsi des malheureux ou des hypocrites. Le Duc a le cœur trop haut pour s'exposer à pareille alternative et Grimaudet reste à son poste. Le 30 juin 1633 il se présente devant Pierre de L'Epine et Claude Ernault notaires royaux établis à Vitré et leur signifie la récente acquisition faite par son maître.

« Le duc et la duchesse d'Halwyn ont, dit-il, confié leur contrat à René de Maulevault, sieur de la Garenne, et l'ont pris pour procureur afin de mettre Monseigneur en réelle et actuelle possession. J'ai fait, de mon côté, signifier les hommes et sujets des terres et seigneuries. En conséquence, je vous prie et requiers de vous transporter où besoin sera, à l'effet de me rapporter et décerner acte de la prise de possession. »

Les notaires s'inclinent et il est entendu, qu'avec Grimaudet, Maulevaut et le Procureur fiscal de Vitré, Godé de la Gérardière, l'oncle des de Bérue et Nicolle[1], on s'en ira droit à Serigné, « un gros village pittoresquement assis dans une vallée de la forêt de Rennes et au bord d'un bel étang. »

Arrivés en ce lieu, notre belle compagnie trouve Julien Boullé, sénéchal d'Epinay au siège de Serigné, maître Jean Beziel alloué au dit siège. Gilles Gouverneur en qualité de procureur d'office, Guillaume Malescot comme greffier. Boullé, Beziel, deux noms en noto-

(1) Sur Godé, de Bérue, et Nicolle, lire dans le *Journal de Vitré* 1907-1908, les articles publiés sous ce titre : *Entre la Martinique et Vitré*.

riété aux pays de Liffré et Livré. Les Boullé ont dans leur église paroissiale, une tombe armoriée; on compte dans leurs rangs, des notaires royaux, des avocats au parlement, un Sénéchal de Saint-Aubin-du-Cormier. Nommés dans les vieilles chartes vitréennes, les Beziel sont au nombre des ligueurs, qui naguère, en compagnie des Leziart, Chennevière, Blanchais, Gérard, Blondeau, Posson, barraient les chemins aux soudarts de Lavardin. Eux aussi, se disaient notaires, avocats et la publication de leurs archives a prouvé la vivacité de leur foi, la dignité et l'indépendance de leurs caractères[1]. Devant ces honorables

---

(1) En 1718 Boullé et Beziel s'alliaient. A cette date en effet, Louise Boullé épousait Jean-François Beziel avocat en Parlement, veuf de Louise F. Hirel; et celui-ci d'écrire : « Son mariage a été décresté par la juridiction du chapitre de cette ville de Rennes. Elle est âgée de 21 ans le 2 septembre 1718, jour de nostre contrat de mariage. Elle est de bonne famille. Les Goubin, les Miniac sont ses parents du côté d'une Le Gal sa bisaïeule. Le sieur de Loysonnière Boullé de Saint-Aubert est de sa famille originaire de Liffré. Le sieur... au bois... de Saint-Aubert à cause de sa mère demoiselle des Fontaines fille du maître des eaux bois et forêts, le sieur Monneray (?) à cause de sa mère et La Guérande de Liscouet. Je ne les ai pas tous employés au décret de mariage. Les Louvel, les Cochard, les Goubin à cause de la Le Gal. »

Goubin et Miniac figurent en l'armorial de Bretagne par Pol de Courcy.

Parmi les descendants des Boullé, rangez le Docteur Félix-Charles Bellamy, professeur de chimie et de toxicologie à l'école préparatoire de médecine et de pharmacie de Rennes; Maurice Le Dault, directeur du Fureteur breton.

et les hommes possédant tous les fiefs de Serigné, notre calviniste donne lecture de l'acte d'acquisition. Il évoque ensuite les sujets du fief de la Haie de Serigné, de Neufville, du grand fief de Serigné, des fiefs de la Dormiais, de Noyal, de la Pommerais, ceux du bourg de Dourdain des fiefs de la Goderie de la Fauvelais, des Chouonnais, Marquès, la Gaulafrays, de la Barre, de la Grande-Verge. Il évoque encore tous les teneurs d'héritages situés entre la Cuillerais, la Mesaudrais et la Haulette ès-paroisses de Gosné, Ercé, Dourdain et la Bouëxière. Tous s'avouent débiteurs de rentes par deniers, avoines, froment rouge, poulets corvées et autres ; tous *s'atournent* pour hommes et sujets de Monseigneur le duc de la Trémoïlle.

Font de même Jean-Baptiste Martin pour ses terres nobles de Grabuisson, (ne confondez pas avec Grabusson en Champeaux). Jean de Lespronnière pour sa terre de la Saudrais, Messire Jean du Han pour ses terres de Bertry, maître Lorens Anger pour ses prés de Serigné.

Après quoi Grimaudet évoque les vassaux nobles. Ce sont les seigneurs du Bordage, de Lestourbeillonais, de Laubouclère, de Tremblais, du Domaine, de Forges, de la Teillais, du Plessis-Pilet, de la Normandais.

Ceux-ci s'atournent pour hommes et sujets du Duc, suivant qu'ils en relèvent ligement.

La belle compagnie prend alors le chemin du manoir de Serigné. Le meunier Tarabeuf, le métayer Mallart s'y trouvent et dans la grande salle, de Maulevaut induit le mandataire du duc de la Trémoïlle en possession des manoir, métairie et moulins de Serigné, des droits de bancs, titres, prééminences, supériorités, fondation et patronage ès-églises de Dourdain, Gosné et Serigné.

Cette église de Serigné est aujourd'hui convertie en maison d'habitation mais autrefois, elle formait un centre paroissial et à nous, vitréens, il appartient d'en parler. Sachez donc que l'an 1164, l'évêque de Rennes Etienne de la Rochefoucaud, Raoul son archidiacre, Nine abbesse de Saint-Sulpice, Goranton, Geoffroy et Hervé de Vitré se réunirent à Serigné. Le prélat y venait bénir et consacrer la chapelle construite par l'abbesse sur un terrain concédé par les de Vitré. De cette chapelle un autre évêque de Rennes, Pierre de Dinan fit une église paroissiale et c'est dans ses vitraux qu'on vit plus tard le lion d'Epinay, les aigles des la Trémoïlle.

— Bien monotone l'opération de Grimaudet, en dépit des détails historiques dont vous l'émaillez. Pour peu qu'elle se prolonge, vous sèmerez l'ennui à pleines mains. —Monotone ! en apparence, oui, en réalité, non ; si vous prenez la peine de réfléchir en la suivant jusqu'au bout. Sur l'importance du marquisat, elle vous donnera des notions utiles. Grâce à elle, vous aurez. sous les yeux, tout un canton de cette organisation féodale qui va tomber sous les coups de Richelieu.

Ces nobles vassaux évoqués par Grimaudet, c'étaient les descendants de ceux qui remplissaient autrefois les grands appartements d'Epinay avant l'ère des guerres civiles. Car au commencement du XVIIe siècle, les gentilshommes n'ont pas encore abandonné leurs terres. Ils y vivent en contact journalier avec le peuple, associés à ses plaisirs, à ses deuils, s'intéressant aux choses rurales, entretenant, autour d'eux, toute une clientèle d'officiers de justice, d'ouvriers. de serviteurs, exerçant en un mot une telle influence qu'on a recours à eux, comme à des chefs naturels et respectés.

Les uns, c'est le petit nombre, ont pour demeures, des châteaux assez fortifiés pour braver naguère les armes de trait et même les effets d'une artillerie peu perfectionnée. D'autres occupent des maisons fortes entourées d'eau, à l'abri des surprises des partisans,

Le plus grand nombre habitent des manoirs bâtis entre cours et jardins clos de murs. Ces logis ont des portes massives, leurs fenêtres sont défendues par des barres de fer entrelacées et parfois très curieusement ouvragées, ce qui n'empêche pas les batteurs d'estrade d'y faire main basse. Désirez-vous des exemples? Qu'à cela ne tienne. Le Bordage aux Montbourcher, voilà le type du château fort; le Plessis-Pillet nous paraît celui de la maison forte; allez à la Teillais, en la Bouëxière, vous trouverez celui du manoir.

Qui vous a permis d'être si affirmatif? — M. de l'Estourbeillon en la Revue historique de l'Ouest; M. Parfouru dans sa notice sur les anciens livres de raison de familles bretonnes.

Nous devons au premier des lettres patentes de Louis XIV érigeant le marquisat du Bordage, et à la suite un procès-verbal de ce marquisat, dressé l'année même de l'érection 1656. Etudiez ce dernier document. Vous verrez chez les Montbourcher, comme chez les d'Epinay, de longues et larges avenues, vergers, mail, bois de haute futaie, un manège à dresser les chevaux, un jeu de longue paume et la masse imposante d'une construction féodale.

Masse! le mot n'a rien d'exagéré. Flanquée de tours mesurant soixante-dix pieds de hauteur, pourvue d'un arsenal où l'armurier diligent rangeait les cacques de poudre, les mousquets, les boulets, pétards et grenades, elle occupait une surface de deux hectares. Son pont-levis, jeté sur de profondes douves, donnait accès à l'avant-cour où s'entassaient, granges, étables, écuries, pressoirs, fours, moulins à bras et forges. En franchissant le seuil défendu par deux corps de garde et deux tourelles en encorbellement, vous passiez sous l'écusson du maître et voyant ses trois marmites de gueules sur fond d'or, sa narquoise devise, vous revenait en mémoire : *Assez d'amis quand elles sont pleines* ! Pleines, elles devaient toujours l'être pour entretenir l'activité et dans l'avant-cour et dans les trois étages du logis seigneurial construit sur un des côtés de la seconde cour. Tant que vous y êtes, faites état des arceaux formant portique à son rez-de-chaussée ; montez les grands escaliers des tours et sur leurs plates-formes, comptez allongés sur leurs affûts, les couleuvrines, les fauconneaux de fonte ; redescendez aux jardins, admirez les fontaines, et votre curiosité satisfaite, par amour du contraste, suivez-nous au manoir de la Teillais.

Gilles Satin [1] vous en fera les honneurs. Il

(1) Il était veuf de Gillette de la Charonnière.

vous dira, qu'avec ses filles Claude et Catherine[1], il passe des semaines entières au château d'Epinay, que son beau-frère du Val de la Touche possède la confiance du marquis et ne le quitte guère[2]. Pour permettre à ses filles de paraître avec avantage auprès de la marquise la toute aimable Marguerite de Scepeaux, monsieur de la Teillais n'épargne rien. Robes d'écarlate et de taffetas, robes de damas pour les grandes occasions, cotillons de camelot, vert, incarnat, violet, orange, de frise verte, rouge et de damas incarnat, vertugadins, chausses de carisé vert, noir ou gris, coiffes de taffetas, corsets piqués, souliers de maroquin, rubans de soie et de laine, manchons de velours cannelle se superposent dans les grands coffres et figurent au livre de raison accolés à des chiffres respectables.

Personne ne songe à s'en plaindre; les filles encore moins que le père. Elégamment accoutrées, elles s'en vont joyeusement

---

(1) Mariée à César de la Belinaye, elle compte parmi les ancêtres d'Armand Tuffin de la Rouërie l'organisateur de la contre révolution en Bretagne.

(2) Notez qu'une Jeanne du Val de la Touche avait épousé Jean Hay, qu'Andrée Hay, mariée à Antoine de Taillefer, Renée Hay, femme de Jean du Grasmenil comptaient parmi ses belles-sœurs et regardez le mari de Briande Cholet, Guillaume Hay des Nétumières comme le neveu de ces deux dames.

vers Champeaux jouir d'une bienveillance marquée ; car la marquise aime à les voir autour d'elle, à les réunir à leur cousine-germaine Mlle du Val qui fait partie de sa maison. Mieux que cela, un beau jour de juillet 1594, pour accuser davantage son bon vouloir envers monsieur de la Teillais et ses filles, elle s'en ira, accompagnée de grands personnages, dîner au manoir de la Teillais. Gilles Satin ne pouvait manquer de noter sur son mémorial une aussi flatteuse visite. Il en reçut d'autres moins agréables. Si bien close que fut sa demeure, elle n'avait point pour sa défense tours, arsenal, fauconneaux, couleuvrines comme le Bordage. Aussi quelle proie pour les gens de guerre ! tous les partis y font de leur pire. Le 16 mai 1591, les souldars de Mercœur la mettent au pillage. Le 12 septembre suivant, ceux de Lavardin s'approprient une arquebuse et les chevaux de la métairie sellés et bridés. L'année suivante, en avril, la garnison de Vitré enlève deux génisses. Le 20 août 1593, nombre d'anglais viennent avec l'intention de forcer le logis. Pour les en empêcher, Satin se fend de soixante livres. Un an après, mois pour mois, notre homme est emmené à Fougères, en qualité d'ôtage et obligé, pour sa rançon de financer 95 écus.

XIII

Où il sera parlé de Saudecourt, de la ville de Louvigné, de Fouesnel, de Sevigné, sans perdre de vue les d'Epinay.

Convaincus désormais, pensons-nous, qu'en suivant Grimaudet et ses compagnons, vous glanerez, chez les vassaux d'Epinay, des faits intéressants, laissez-vous entraîner à Sauldecourt. Vous vous souvenez que cette belle résidence *de puissante assiette*, située *aux portes de la ville* de Louvigné et au bord de l'étang de Daniel était meublée de façon à recevoir magnifiquement le Maréchal de Vielleville. Grimaudet y arrive le 6 juillet 1633 et tout aussitôt, accompagné des fermiers Pierre et René Chopin, il parcourt le domaine proche pour en prendre possession. Ce domaine comprend la closerie de la Bloichère, la métairie du Champ Poirier, celle de la Babinière, Leberte en Bais, les moulins et étangs de Daniel et des Rochettes. Maulevault l'investit en outre des droits de fondation, patronage, titres, supériorités ès-églises de Louvigné, Piré et Moulins. Fidèles rapporteurs du tout, les notaires ont le soin de noter au procès-verbal, qu'il existe, à l'intérieur du château, une chapelle dotée, par revenu de blé, sur la métairie de la Rougerie. Cela fait. tout le monde plie bagage et en route pour la ville !

A l'auditoire le sénéchal François Le Métayer, son alloué Jean Babin tiennent audience en présence du procureur d'office Olivier Montigné, et assistés de leur greffier Jean de la Noë.

Devant ces officiers de la juridiction seigneuriale, Grimaudet, toujours fidèle à sa méthode, évoque d'abord les sujets possédant aux nombreux fiefs, dépendant du marquisat au canton de Saudecourt. A l'exemple de ceux de Serigné, tous ces braves vassaux s'atournent pour hommes et sujets du nouveau marquis d'Epinay. Ces fiefs s'étendent sur les paroisses de Louvigné, Moulins, Bais, Vergéal, Cornillé, Torcé, Arbrissel, Domagné, Château-bourg, Piré, Chaumeré. Pour les noms et redevances des teneurs, cherchez les aux aveux précédemment rendus et aux répartitions antérieures.

On procède autrement vis-à-vis des possesseurs de terres nobles et ils s'alignent en cet ordre.

Messire René de Poix seigneur de Fouesnel.

— Messire Bertrand de Rosnyvinen[1] seigneur du Plessis. — René du Châtelier seigneur de la Hautais. — Maître Pierre de Gennes et femme. Noble homme Claude Boudet sieur de la Morinais. Ecuyer François de Manoury, sieur de Loseière (?) — Messire Luc Leduc, sieur du Petit-Bois. — Messire Turquan conseiller du Roi en ses conseils et maître des requêtes ordinaires de sa Majesté. — Olivier Baratte. — Maître René Lebrun. — Maître Etienne de Mardeaux et enfants. — Jacques et Perrin Houget. — Messire Gilles de Lèseu, conseiller au Parlement. — Messire Jean de Birague, seigneur baron d'Antragne. — Messire René Godart, sieur de la Jaroussays (?) — René Roulleaux et enfants. — Ecuyer René Maudet, sieur de la Buhonnière. — Ecuyer Julien Geslin, sieur de la Touche. — Le seigneur de la Benestière. — Maître David Mellin, sieur de Viel-Moucé.

Nous vous prions de remarquer, au préala-

---

(1) Ce Guillaume de Rosnyvinen est l'ancêtre d'un autre Guillaume marié à Judith Picquet de la Motte, une petite-fille de nos Le Clavier vitréens. On doit aussi compter parmi ses descendants le dernier marquis de Piré : Alexandre-Elisabeth de Rosnyvinen, député d'Ille-et-Vilaine, sous l'empire. D'un caractère heureux et primesautier, le marquis de Piré mêlait la note gaie au sérieux des débats parlementaires. C'est ainsi qu'un beau jour, il mit en scène les bourgeois de Vitré dont il pouvait parler en connaissance de cause.

ble, que ces terres nobles n'appartiennent pas toutes à des privilégiés. Les gens du Tiers, enrichis par le commerce, achètent tous les jours les biens d'une noblesse appauvrie; quelques-uns arrivent à se faire anoblir; d'autres, parés de la particule, tout en se disant très légitimement seigneurs, tout en portant très légalement des armoiries payées vingt livres, ne cessent pas d'appartenir au troisième ordre de la nation. Sauf qu'ils paient au Roi le droit de franc-fief, entre eux et leurs nobles voisins, nulle différence d'ailleurs, dans la façon d'exercer leurs prérogatives.

Ceci dit dans le but de vous éviter toute méprise, entrons en Fouesnellerie, non pour y persifler à l'exemple de madame de Sévigné, mais pour vous parler de nobles gens que les d'Epinay fréquentèrent, aimèrent et récompensèrent au nom du Roi. A la fin du xve siècle, dans l'aimable demeure de Fouesnel, bâtie entre Domagné et Louvigné, vivait Jean Le Vayer. Ce bon gentilhomme qui portait Losangé d'or et de gueules et était fils d'un chambellan du duc Pierre II, n'avait qu'une fille mariée à André de Poix, issu de grande noblesse et chevalerie du Poitou.[1] Un relevé

(1) Voir la maison de Poix, par F. Saulnier.

des actes de baptêmes de la paroisse de Louvigné, fait au XVIIIe siècle, le mentionne comme témoin au baptême de Robert d'Epinay, sieur de la Marche, en 1491. Le 12 mars 1496, il mourait, laissant Fouesnel à la dynastie des de Poix, qui allait à son tour graviter autour des seigneurs de Saudecourt. Guyon de Poix, fils d'André et de Jeanne Le Vayer, baptisé le 27 janvier 1508, eut en effet pour parrain Guy d'Espinay, et pour marraine Catherine d'Estouteville. Jeanne, nièce de ce Guyon et fille de Michel de Poix, fut nommée en 1534 par Jean d'Espinay. Ce même Jean, le futur marquis tint encore sur les fonts, en l'année 1563, René, fils de Christophe et de Michelle Le Sénéchal. Bertrand de Sévigné et Louise de Goulaine furent de la fête.[1]

Arrêtons là. Ce filleul d'Epinay si bien entouré à son baptême, c'est le seigneur de Fouesnel, devenu vassal de La Trémoïlle en 1633, sur l'évocation de Grimaudet. Son père, Christophe de Poix, eut de beaux états de ser-

---

(1) Les d'Epinay donnaient également, très volontiers, leurs prénoms aux estimables gens du Tiers. Le 29 mai 1564, Louis d'Epinay, abbé du Tronchet, tenait sur les fonts du baptême, Louis Ferragu, fils de François et de Jeanne Le Faucheur ; le 4 novembre de l'année suivante, Charles d'Epinay, archevêque de Dol, nommait Charles Ferragu, frère du précédent. (Registres par. de Bretagne, par P. Paris-Jallobert.)

vice. Nous vous les offrons signés d'un gouverneur de Bretagne et récompensés par le roi Charles IX.

« Bastien de Luxembourg, seigneur de Martigues, comte de Penthièvre, chevalier de l'Ordre, gouverneur et lieutenant général pour le Roy en Bretagne, à tous ceux qui ces présentes lettres verront, salut. Comme il ait plu à Sa Majesté, en nous pourvoyant du dit gouvernement, nous donner, entre autres choses, pouvoir de pourvoir aux places de capitaines de gentilshommes de ce pays, quand par mort, résignation, forfaiture ou autre, vacation y eschet, c'est que par la démission faite par le sieur Dugué, naguère capitaine de celuy des gentilshommes de l'evêché de Rennes, en nos mains, pour en pourvoir qui bon nous semblerait, il soit à cette fin bien nécessaire d'y mettre et nommer quelqu'un qui soit *vaillant et expérimenté en l'art militaire* et de qualité et digne.

Scavoir faisons que pour le bon rapport qui fait nous a été de la personne de Christophe de Poix, sieur de Fouesnel et de ses suffisances, vertu, vaillance, expérience militaire, bonne conduite et diligence, iceluy, pour ces causes et autres bonnes et raisonnables, et considérations à ce nous mouvant, avons nommé et institué, nommons et instituons au dit état de capitaine des dits gentilshommes au dit évêché de Rennes, pour en jouir et user avec honneur et autorité, prérogatives, prééminences, franchises, libertés et droits au dit état dus, accoutumés et appartenant.

Donné à Nantes, sous notre seing et cachet d'armes, le quatorzième jour de janvier mil cinq cent soixante-neuf. Ainsi signé :

BASTIEN DE LUXEMBOURG,
et par mon dit Seigneur : de Bruc.

A la tête de ses gentilshommes, Christophe de Poix se rendit à Rennes le 2 février 1573 pour aller de là à Lamballe tenir garnison. Il obéissait ainsi aux ordres du duc de Montpensier, gouverneur de Bretagne, L'année suivante, il ramenait sa troupe à Vitré, et devant le sénéchal André de Couasnon, il en passait la revue le seize may. Douze mois écoulés, il mourait en son manoir de Fouesnel, avec la conscience de ne s'être pas épargné au service du pays. Le collier de l'ordre de Saint-Michel avait récompensé sa vaillance, son expérience en l'art militaire, et ce fut Jean, marquis d'Epinay, qui, par ordre du Roi, l'apporta à Fouesnel et reçut le serment du nouveau chevalier.

Tout ceci pour montrer qu'à l'heure où Grimaudet opérait à Saudecourt, le grand nom d'Epinay était encore gravé dans les mémoires et dans les cœurs. Grimaudet eut-il le mauvais œil? Toujours est-il que la ruine commença à la fois pour Saudecourt et la Rivière d'Epinay. Celle de Saudecourt fut irrémédiable. Ce château de puissante assiette en 1568, s'en alla en morceaux. Il devint une carrière ou l'on venait chercher de beaux matériaux pour les constructions du dix-huitième siècle.

En leur qualité de calvinistes. Grimaudet et Maulevault, son futur gendre[1] ne s'attardent guère dans les églises, quand ils se voient forcés d'y pénétrer. Ne les imitons pas et entrons dans cette église de Louvigné, en nous rappelant tous les d'Espinay qui sont venus s'y agenouiller pieusement. Etes-vous amateur de science héraldique, de beaux vitraux, de voûtes ingénieusement lambrissées? regardez au-dessus, autour de vous. Tout semble avoir été disposé pour le recueillement, l'instruction et le relèvement des âmes. Au chevet, la transfiguration du Sauveur, au nord, la vie de la Vierge Ma-

(1) Sur les Maulevault, consulter le cartulaire du Prieuré des Bonshommes de Craon, par P. de Farcy. Le sieur de la Garenne avait épousé Charlotte Grimaudet, remariée à Philippe de Farcy.

rie, l'histoire de notre rédemption, celle de Saint Jean-Baptiste; ailleurs l'arbre de Jessé et la résurrection du Sauveur, présage de la nôtre, se disputent votre attention. Du même côté et communiquant au sanctuaire par une arcade, voici la chapelle prohibitive des d'Espinay, où il s'agissait de placer une vitre en 1542. « En fait de peinture ou histoire, nous ne voulons y voir que la résurrection du Sauveur », répondirent les châtelains consultés à cet égard par les trésoriers. Entendez par trésoriers, ces laïques dévoués, responsables administrateurs du temporel des églises au temps des libertés paroissiales. Saluez ceux de Louvigné et reprenons le chemin de Vitré pour être à Champeaux le Jeudi 7 Juillet.

XIV

Pour quel motif le calviniste Grimaudet entra bon gré mal gré, le 7 juillet 1633, dans l'église collégiale de Champeaux et, le 9 juillet, en celle de Thorigné.

Descendu à Epinay, Grimaudet ne se préoccupe pas de nous décrire les grands appartements. Il ouvre et ferme les portes pour prouver qu'il entre en maître. Il en use de même au vieux manoir qui fut naguère la demeure des de Champeaux. Les closeries de la Forge et des Champs-Courts, les métairies du Feu, du Bois-Jean, de Grabusson, de la Cornillerais, de la Frapinière, du bourg de Champeaux et du Fougeray, le voient passer rapide. Il visite également, en coup de vent, les moulins de Ribert, de Bretignolles, de Pallet, de la Rivière. De toutes ces choses et aussi des bois de hautes futaie, des taillis, des garennes, de la fuye d'Epinay, de tous droits en dépendant, de Maulevault le met en possession et tout le monde revient vers Champeaux pour l'évocation des hommes et sujets. Mais, tout calviniste qu'on soit. comment passer devant la collégiale, ce joyau du marquisat, sans se commettre au moins quelques minutes avec les révérends chanoines? Franchissons donc le seuil. Point de cloches en branle, pas d'eau bénite présentée bien entendu; Grimaudet, du reste, s'en soucie comme de l'an quarante. Pourvu que son maître soit mis en possession des droits de présentation aux bénéfices, collations et totale disposition des prébendes, droits de patronage, supériorité et fondation, titres, bancs et enfeux de la collégiale, il ne tient pas à autre chose, et ne fatigue pas de sa présence, le chapitre correctement assemblé pour faire honneur au nouveau marquis d'Espinay. Paraître et disparaître, c'est tout son programme. Il l'exécute et se précipite dans l'auditoire où tiennent audience François Le Métayer, alloué de la cour d'Epinay, maître Guillaume Guestré, procureur d'office, et le greffier Mathurin Bouthemi. Alors, se fait l'évocation des teneurs d'héritages aux nombreux fiefs dépendant d'Epinay et s'étendant sur Champeaux, Izé, Montreuil-sous-Pérouse, Pocé, Saint-Aubin-des-Landes, Cornillé et Broons[1].

Les vassaux s'atournent à leurs devoirs et Jean Grimaudet déclare « remettre en leurs sièges de justice Métayer, Guestré et Bou-

(1) Voir *ad calcem*, la série de ces fiefs.

themi pour faire les fonctions et exercices de leurs charges sous et par monseigneur le duc de la Trémoïlle ».

Le lendemain, samedi, neuvième de juillet, toute la troupe, grossie des officiers du marquisat, arrive au bourg de Saint-Jean-sur-Vilaine. Aussitôt, tenue d'audience et évocation ordinaire des hommes et sujets aux fiefs d'Espine-ray, Saint-Gilles, la Clarté, le clos du Cheres de Marpiré, de la Trémière, du bourg de Cornillé, des Bouteliêres, et du bourg de Châteaubourg; le tout s'étendant en Saint-Jean, Marpiré, Saint-Aubin-des-Landes, Cornillé, Torcé, Châteaubourg. Comparus en personnes ou par procureurs, les vassaux s'inclinent. Grimaudet accepte leur attournance et demeure en possession de la dite seigneurie à laquelle il faut ajouter celle du Boisdulier, dépendant du collège et chapitre de Champeaux.

A votre tour maintenant, messieurs les vassaux relevant ligement d'Epinay!

S'avancent alors : écuyer Richard de la Porte, sieur de la Fleuriais, André de la Porte, conseiller du roi, sieur du Val et de Dieu-le-Fit, noble homme Eustache Le Goux, sieur de la Hamonnais, messire P. de la Porte, sieur de la Porte, Etienne Burel, sieur de la

Touche, écuyer Gilles Brignon, sieur de l'Ortie, et autres. Chacun de ces honorables se range à son devoir.

Si Grimaudet était moins pressé et plus enclin à serrer la main des catholiques, on pourrait s'étendre sur les de la Porte, vous les montrer jouant le rôle utile de gentilshommes campagnards à Saint-Jean, à Izé au Bois-Cornillé[1], bâtissant l'élégant pavillon du vieux manoir du Val, donnant à Saint-Didier un pieux recteur, au Parlement de Bretagne plusieurs conseillers et un président aux enquêtes. Vous les verriez, après s'être alliés aux Couaisnon, Dollier, Champion, d'Andigné, Le Meneust de Bréguigny, du Boisbaudry, du Han, devenir vicomtes d'Artois, marquis de Poulmic, comtes de Crozon et se fondre en Châteaurenaud par le mariage d'une fille unique, Anne-Marie de la Porte, avec Louis Rousselet, marquis de Châteaurenaud, vice-amiral et maréchal de France. Par surcroît, on vous dirait que leurs biens de Saint-Jean et de

(1) Le 2 mai 1659 Péronnelle Rabinart, veuve de Louis de la Porte, dame du Bois-Cornillé, fonda trois messes dans la chapelle de ce manoir. Joseph de la Porte, seigneur du Bois-Cornillé et de la Normandais, déclara qu'il lui était dû chaque année, à son banc seigneurial, en l'église de Dourdain, à l'issue de la messe de minuit, un devoir consistant en un pot de vin d'Anjou, un chapon lardé et cuit et un pain blanc d'un sol.

Saint-Didier passèrent, par acquêt, aux mains de ces Marion, véritables émules de Pierre-Olivier Malherbe parcourant aussi audacieusement que lui les mers des Indes orientales et occidentales pour revenir à Vitré riches d'expérience et d'écus.

A la vérité, Grimaudet a d'autres soucis, d'autres devoirs ; et quand vous le voyez entrer ès-églises de Saint-Jean et de Châteaubourg, pour y prendre possession des droits honorifiques dûs à son maître, inutile de compter sur lui pour vous faire remarquer que les de la Porte ont dans le premier de ces sanctuaires la garde noble du banc seigneurial d'Epinay, qu'ils possèdent du côté de l'épître, leur banc à queue et à accoudoir, que leur croissant brille dans la maîtresse vitre, au-dessous du lion prééminent. Pareils détails ne sont pas de nature à retarder le secrétaire du duc de la Trémoïlle, et si nous vous les livrons, c'est au risque de perdre haleine en suivant sa marche vers Escures.

Là, Maulevaut s'efface. Il est remplacé par maître Robert Béchu, sieur des Fosses, un ancêtre du Martiniquais Nicolle. Porteur du contrat consenti par les d'Halwyn, Béchu induit le mandataire de l'acquéreur en possession des château, maisons, terres, appartenances et dépendances. Grimaudet ouvre et ferme les portes. On le conduit aux métairies de la Greterie, de la Vacherie, du Parc, des Landes biques, du Breil, des Landelles, au moulin de Guesnou, en Thorigné. Sans perdre de temps, il entre en l'église de cette paroisse, s'y fait mettre en possession des Droits dont jouissent les marquis d'Epinay. C'est tôt fait et l'on gagne le lieu où s'exerce la justice. Devant maître Charles Busnel, sieur de la Morinais, alloué de la Juridiction du marquisat d'Epinay au siège de Thorigné, maître Etienne Baudin, procureur d'office et le greffier Pierre Berhaut, les hommes et sujets des fiefs du grand et petit baillage de Thorigné, de Guernon, du grand baillage en Acigné, de la Gretais, du Tertre, de Limoux, du bois de Laval et de Forges sont avertis d'avoir à se regarder désormais comme vassaux du nouveau marquis. Leur acquiescement est consigné au procès-verbal que les notaires terminent enfin par cette mention :

Passé outre à l'évocation des habitants du dit marquisat possédant héritages et droits réels en la ville de Rennes, sous les proches d'icelle, en la rue Beaudrairie, de Saint-Germain, rue Vasselot, près la porte de Toussaint, ainsi qu'aux fauxbourgs de la rue

Haute-Reverdiais, sur les lieux de Sainte-Foy, la Mailletière, Cleusné, Beaumont, Noyal-sur-Seiche et Saint-Etienne, ès-paroisses de Toussaint, Saint Germain, Saint-Etienne, Noyal, Saint-James de la Lande et subventissement les hommes et sujets du baillage de Saint-Grégoire, ès-paroisse de Saint-Grégoire et de la chapelle de Foulgerais, tous lesquels ont fait pareille attournance. Ainsi signé au registre demeuré vers Ernaud, notaire royal, Grimaudet, B. Bécheu, de l'Espine.

XV

Nouveaux démembrements
Un terrible usufruitier
Vente judiciaire d'Epinay.

Nous voilà édifiés. En dépit des démembrements subis, le marquisat valait la peine d'être acquis par le baron de Vitré. Plus de procès avec un puissant vassal, plus de barrière désagréable au travers la baronnie! Châteaux, maisons, collégiale, fermes, closeries, moulins, tout est en bel état. Sans nul doute, son Altesse conservera chèrement un bien si vivement désiré.

Son Altesse, le vingt-sixième jour de novembre 1654, cède pour cinquante-cinq mille livres tournois, la terre et seigneurie de Sérigné, à René de Montbourcher, chevalier seigneur du Bordage et du bois Montbourcher.[1]

Nous nous garderons bien de vous décrire à nouveau Sérigné. Quelques réflexions sur les clauses du contrat qui le sépare du marquisat

---

(1) Dés 1638, le 3 mars, Grimaudet. au nom de son maître vendait à Mathurin Marion de la Fontaine, marchand et bourgeois de Vitré, une prairie, dite d'Epinay, située entre le Pont-Riou et Châteaubourg, moyennant 3200 livres tournois.

et n'en parlons plus. Son vendeur n'intervient pas directement. Il envoie à Rennes, pour traiter avec M. du Bordage, le procureur général de son duché de Thouars. En signant l'acte, celui-ci reçoit de l'acquéreur trente-cinq mille cinq cents livres en cinq lettres de change du sieur *de Pesnel-Farcy*, banquier à Rennes, toutes les cinq payables à usance à Paris, aux mains de la duchesse de la Trémoïlle où à son ordre. Les vingt mille livres restant seront payées à Paris, en la fête de Saint Jean-Baptiste, avec intérêts au denier 20.

Il est expressément entendu que Sérigné relèvera prochement et noblement du Duc et de la Duchesse, en un seul aveu, comprenant deux chapitres séparés, l'un pour ce qui relève de Vitré, l'autre pour ce qui se trouve sous Rennes et Saint-Aubin-du-Cormier. Monsieur du Bordage devra continuer les juges et officiers dans l'exercice de leurs charges, ou les dédommager. Lui ou ses successeurs disposeront de l'office de Sénéchal de Chevré, à la première vacance de celui qui en est pourvu et pour une fois seulement. L'acte de survivance accordé naguère par le vendeur au sénéchal de Sérigné, sera maintenu.

Il s'agit maintenant de mettre René de Montbourcher en possession. Le procureur général de Thouars, nomme à cet effet noble homme Daniel Ravenel, sieur de Cohigné, trésorier et receveur général du Duc et de la Duchesse en Bretagne, noble homme Jean de Gennes des Hayers, procureur fiscal de la baronnie de Vitré. Farcy, Ravenel, de Gennes, Grimaudet, de Maulevaut, c'est le dessus du panier huguenot. Rien d'étonnant à les voir mis en contact avec Montbourcher, une des colonnes du pur évangile, par Marie de la Tour d'Auvergne, duchesse de la Trémoïlle, restée de bonne foi, fort attachée à l'hérésie. Qu'elle soit venue souvent visiter Epinay, ce nid de ligueurs déclarés, nous en doutons fort. Qu'elle se soit appliquée à le meubler, à l'entretenir à la façon des premiers marquis, jamais, au grand jamais! croyez-le bien. Elle et son mari se contentèrent d'en attribuer les revenus à leur fils, Louis-Maurice de la Trémoïlle, le puîné de ce prince de Tarente qui s'en alla épouser, en Allemagne, Emilie de Hesse, à jamais illustrée par Madame de Sévigné, sous le nom de bonne Tarente.

Ce cadet commença par courir les champs de bataille en Piémont, sous les ordres de Monsieur de Longueville, au siège de Thionville, sous Condé. Il s'y distingua; aussi fut-on très étonné de le voir, un beau jour, abandonner la carrière des armes pour devenir homme d'église. Doyen de Saint Tugal de Laval, le Roi le fit abbé de Charroux et de Talmont. Sans faire de longs séjours à Epinay, Louis Maurice ne laissa pas de s'y intéresser. Nous pensons qu'il y fit amener ces superbes plaques de cheminée mises en belles places par le comte d'Aubigny. Epinay lui dut encore une pierre sculptée à ses armes et timbrée d'une mître et d'une crosse. Soigneusement restaurée de nos jours, elle ressort sur le toit qui pend au soleil midi.

Abbé commendataire, Louis Maurice ne semble avoir donné que de bons exemples. En compagnie d'un original Lavalois, nommé Roussard et surnommé Jean le tout aimable, il parcourut tous les sanctuaires du midi de la France et prit très à cœur la réforme de ses abbayes. Il mourut dans celle de Talmont en janvier 1681.

Charroux et Talmond allèrent, en commende, à son neveu Frédéric Guillaume, prince de Talmont, qui commença à être d'église, s'en lassa bientôt et partit en guerre. Durant la campagne de 1702, il fit merveille avec le grade de brigadier de cavalerie. On en fit un maréchal de camp deux ans après, et un lieutenant général en 1710. Blessé à la tranchée de Landau, il obtint le gouvernement de Sarrelouis, valant seize mille livres, une pension de vingt mille autres livres, cent mille écus pour payer ses dettes et le château de Chaville pour dormir sur ses lauriers. En pied et au moral, le voici peint par Saint Simon : « Le prince de Talmont avait quitté ses bénéfices et le petit collet assez tard, ennuyé de ne pas en avoir de plus riches. Grand et parfaitement bien fait, mais avec l'air allemand au possible, son peu de bien l'avait rendu fort avare. Il en chercha et en trouva avec la fille de Bullion. »

Eh bien! c'est aux mains de cet homme parfaitement bien fait et parfaitement avare que tomba l'usufruit d'Epinay, par suite d'une transaction datée du 28 août 1688 et communiquée le 2 août 1698, à Jean Frain de la Motte, par l'Intendant général de la maison de la Trémoïlle. Aux termes de cet acte, le prince de Talmont était tenu de faire à ses frais, et de payer toutes les réparations et réfections qu'il conviendra faire durant sa vie, au château d'Epinay et aux métairies, closeries, étangs, chaussées, moulins et autres lieux dépendant de la dite terre. »

Pour Monsieur de Talmont, ce fut lettre morte. Il cueillit les revenus avec exactitude, foin du reste! Le système eut pour résultat un délabrement général A cette cause particulière de décadence, ajoutez la conception païenne d'un Roi Soleil. Ecarter la noblesse du peuple, lui enlever par cela même le sens de sa fonction, la rendre inutile et bientôt odieuse, la réduire au rôle ruineux de satellite; tels furent les effets désastreux de cette conception. On créait ainsi une société au rebours du bon sens fortifié par le christianisme. Car, en définitive, qu'est-ce que la Province, qu'est-ce que l'Etat, sinon une famille agrandie? Or, dans la famille, l'égalité d'origine n'est-elle pas indéniable et l'inégalité des conditions flagrante? Tous les jours, entre frères et sœurs, vous êtes à lieu d'observer les plus notables différences. Les uns sont bâtis en hercules, les autres en pygmées; celui-ci nait aveugle, celui-là clairvoyant; à côté d'un intelligent, vous avez un faible d'esprit, d'où la nécessité de reconnaître à la fois, des supériorités, des infériorités; d'où, grâce encore à l'égalité d'origine, l'obligation de faire toujours œuvres fraternelles. Devant la conception d'un roi soleil, et la théorie du sang des Dieux son corollaire, cette obligation disparut. Il y eut des êtres pétris d'essence supérieure, d'autres pétris d'argile absolument inférieure. Aux premiers le droit de briller et de recevoir des hommages; aux seconds, le devoir de peiner et de saluer à perpétuité.

La nature humaine ainsi offensée se vengea. Les dettes s'accumulèrent dans le camp des Dieux et la richesse vint aux travailleurs. Les de la Trémoïlle, ducs de Thouars, princes de Talmont, de Tarente, barons de Vitré, en firent l'expérience.[1] Le 3 août 1715, le marquisat d'Epinay était vendu judiciairement par les commissaires nommés par le Roi à l'effet de parvenir à la distribution des deniers dus aux créanciers du duc de la Trémoïlle. Moyennant soixante-douze mille livres, il devenait la propriété de deux bourgeois de Paris, Louis-Paul Boucher, ancien juge et consul, et Joseph Galpin.

---

(1) Sur les tristes effets de leur absentéisme, lire au T. II de nos tableaux généalogiques, les lettres de l'Intendant général de la maison de la Trémoïlle P.P. 13 et 19; et dans ce même vol. à la P. 122 le pillage du Château-Marie en 1718.

XVI

Epinay en 1715. — Son état de ruine. Ses fermiers généraux.

Payer soixante-douze mille livres, ce qui naguère en valait trois cent trois mille, quelle étonnante et fructueuse opération! — Nous n'en disconvenons pas. Toutefois, remarquez que le marquisat n'est plus intact. Serigné, Saudecourt, Escures, les fiefs sous Rennes n'en font plus partie, et dans quelle état lamentable se trouve le reste! vous pensez peut-être que Paul Boucher et Joseph Galpin tiendront à venir le constater en personnes. Erreur! Un bon bourgeois de Paris ne se dérange pas plus qu'un Duc et Pair. Ce fut donc René-Jacques Guillard, conseiller du Roi, premier juge, garde de la Monnaie de Rennes, qui arriva, à Vitré, porteur d'une procuration lui conférant le pouvoir de prendre possession au nom des deux acquéreurs. Il déposa aux archives du château de Vitré l'original de ce pouvoir daté du 11 septembre 1716, et s'en fit délivrer une copie compulsée et signée par Charles-François Billon, sieur d'Epineray, trésorier de la Madeleine de Vitré, Jean Frain, sieur de la Motte[1], procureur du Roi et fiscal, René Guillet, sieur de la Brosse, conseiller du Roi, receveur des consignations et directeur de la Baronnie. Remise aux notaires Clairet et Lebreton, elle fut annexée par eux au procès-verbal de la prise de possession, commencé le trois novembre. Requis par Guillard, Clairet et son collègue étaient arrivés de Rennes la veille et avaient pris gîte à l'auberge où pend, à Champeaux, l'image de Notre Dame, chez le nommé François Le Prestre, dit : La Fleur.

Afin d'être exacts en tout, Guillard et les notaires avaient mandé Collin, vitrier à Vitré, *à dessein de rapporter et vérifier les armes et alliances*. Au lieu de *vitrier*, écrivez *peintre verrier* et vous serez dans le vrai. A cette date et antérieurement, chaque centre féodal un peu considérable possédait un ou plusieurs de ces artistes versés dans la science héraldique, qu'ils étaient à même d'appliquer tous les jours, soit en plaçant, soit en réparant, dans les verrières d'église ou de chapelle, les armoiries des seigneurs prééminenciers. Et ils avaient fort à faire! C'était chose si

---

(1) Il possédait en Champeaux La Motte, terre seigneuriale, Villensault, terre noble. Cette dernière lui donnait droit de banc et d'enfeu dans la chapelle Sainte-Barbe de la collégiale. Sa fille épousa un petit-fils de Grimaudet de la Lande.

importante alors, si flatteuse, si douce, de voir resplendir sur fond d'azur, d'or, d'argent, de gueules, son lion, son aigle, son étoile, son épée, et pour les belles âmes qui savaient s'élever au-dessus des puériles suggestions de la vanité, quels encouragements au bien, dans ce langage symbolique, rappelant la vaillance, la prudence, la fidélité, la vigilance, l'honneur, la foi, l'illustration vraie des ancêtres !

Que Collin soit donc le bienvenu, puisqu'il racontera à sa manière, les gloires d'Epinay !

Suivis de ce peintre, du charpentier Teunet, des couvreurs Mazurais et Le Prêtre, Guillard et les notaires, s'acheminent vers le château par le chemin qui passe au ras de la chapelle Saint-Job.

Rendus à la première entrée, devant laquelle s'abattait jadis le pont-levis, Collin fait remarquer au procureur des Parisiens et aux notaires, un écusson uni, timbré d'un casque plein, et soutenu par deux sauvages, l'un mâle, l'autre femelle, accompagnés d'un enfant. Le même écusson, uni, timbré comme le précédent, paraît sur le portail de la seconde cour.

Sur le seuil du château, nos gens trouvent

René-Nicolas de Sigay, sieur de la Chapelle, fils d'écuyer Guillaume de Sigay, lieutenant de Roi des ville et château de Vitré, fermier général d'Epinay. Ce Guillaume, qui a tant de cordes à son arc, descend de François Sigay, sieur de la Goupilière, et de Françoise Béchu, oncle et tante du Martiniquais Nicolle. Il possède si bien le secret d'être agréable au duc de la Trémoïlle, qu'il en obtient, à Vitré, l'afféagement de la Tour Gastesel et dans les landes de Marpiré ou de Chevré, à son choix, l'autorisation d'enclore deux cents journaux de terre. Epinay a du reste la spécialité d'être régi et habité par des fermiers cotés dans le monde vitréen et au-delà : témoin le prédécesseur de Sigay, Claude-Cécile Frey de Neuville, dont les deux petits-fils, Charles et Pierre-Claude, comptent parmi les prédicateurs goûtés des grands auditoires du dix-huitième siècle. Et dire, qu'un de ces beaux parleurs rentré, par un coup du sort, au pays où ses grand-père et père avaient vécu et amassé quelque bien, osa écrire ces dédaigneuses lignes :

« Les lettres dont il vous plaira m'honorer, dissiperont l'ennui de ce séjour, où ne pénètrent ni livres, ni gazettes, ni nouvelles, qui n'offre ni amusement, ni secours, ni moyens de travail... J'habite un désert et si je ne meurs point au monde, je serai bien coupable, car le monde est complètement mort pour Vitré. »

Mais aux meilleurs acteurs, il survient des distractions. Le nôtre s'oublie en ces termes : « Un grand corps aussi respectable, aussi respecté qu'un Parlement, ne tombe point, sans que sa chute épouvante et produise bien des dissertations sur le passé, le présent et l'avenir. *Vitré même, s'érige en cité politique.* »

Voyez-vous ces petits Vitréens! de quoi ils se mêlent! aussi le révérend rentré subitement dans son rôle, leur sert-il cette fin d'alinéa si naïvement hautaine et implacable, qu'elle déridera le plus morose de ses lecteurs : « J'écoute rarement, je ne parle jamais. »

Laissons la pose au poseur et dans les grands appartements, les tours, les pavillons parcourus tant de fois par le grand-père Frey. suivons René-Nicolas Sigay et le représentant des nouveaux acquéreurs. Celui-ci a fort à faire. pour se montrer à la hauteur de son mandat. A l'intérieur, il ouvre et ferme les portes, mange, boit, fait feu et fumée. Dans les jardins, vergers, pourpris, potagers, il bèche, coupe quelques brindilles, arrache des touffes d'herbes. Dans la chapelle, quoique couverture, charpente et clocher soient tombés, il prie à genoux. Du logis, il expulse Sigay et l'y fait rentrer. En 1716, c'est ce qu'on appelle prendre possession, et voilà Boucher et Galpin reconnus seigneurs! Tout en remplissant ces formalités, Guillard n'a pas été sans apercevoir l'état lamentable que présentaient extérieur et intérieur. Il requiert donc la présence de Thomas Duperray[1], alloué lieutenant et seul juge du marquisat, pour donner les apurements de l'état et situation des maisons, château et dépendances. Couvreurs, charpentier, verrier, entrent alors en scène, après avoir juré, au préalable, de faire un rapport fidèle.

---

(1) Frère d'André Duperray dont la fille Jacquine-Angélique épousa, en 1750, Jean Jarnouën de Villartay, chirurgien et maître ès-arts.

XVII

Les dires du couvreur Mazurais, du peintre Collin, du maçon Dugué, du menuisier Payen.

Le couvreur Mazurais affirme, en son âme et conscience qu'il faut cinquante mille d'ardoises sur le logis seigneurial, non compris ce que réclame la chapelle. Vingt mille sur la chambre au-dessus du portail, vingt mille sur la conciergerie et même quantité sur les écuries. Sur la maison du Franc marteau, il estime que six mille ne seront pas de trop. Pour réparer le *pavillon d'Aubigny*, situé au bout du jardin, le pavillon Rosti au bas du grand verger et la Fuye qui l'avoisine, quinze mille sont nécessaires. Notez qu'on devra acheter clous, lattes, chevilles à proportion, se pourvoir encore de chaux pour les faîtages, les lucarnes et les cheminées.

Là-dessus, Mazurais cède la parole au charpentier. Celui ci rapporte que la charpente du château, vers soleil levant, est pourrie, d'où nécessité de réparer si on veut éviter chute totale. Sur le pavillon du château, au soleil couchant, sur la chapelle, les charpentes sont dans un aussi triste état.

Les portes de la cave, celles de la conciergerie sont pourries, la charpente de celle-ci est de nulle valeur. L'escalier menant à ses chambres et greniers, se dégrade, les fenêtres ne tiennent plus. Dans les écuries de la cour d'entrée, constatez l'absence de soliveaux et de terrasses. L'escalier qui monte à la chambre établie sur le portail de la seconde cour est une ruine. Le plancher de cette chambre et celui du grenier ne comptent pas, tant ils sont avariés.

Le pont-levis d'entrée, le pont conduisant au Mail, un autre pour le service de l'Ile, un quatrième, demandent à être remplacés. Celui qui faisait communiquer le verger et le bois n'existe plus. Sur une tour au proche, plus de charpente; celle du fournil est soutenue par des étançons. Pourrie la charpente du pavillon de Laubinière, au bout du jardin. Pourrie celle du pavillon de la Bégasse, situé dans le verger; rompus les escaliers de ces deux pavillons! Epinay, que sont devenues tes splendeurs? Collin achève cette première journée en estimant à 300 livres les vitres à remettre et le plomb nécessaire pour les maintenir. La bande remonte ensuite vers Champeaux et l'image Notre-Dame.

Le lendemain, 4 novembre, un maître maçon vient de Vitré apporter son concours. On le nomme René Dugué. Il affirme qu'à l'avant-cour *servant de carrière* à faire l'exercice et le manège aux chevaux, un mur en talus est à refaire, et qu'il mesure soixante toises. Vous l'entendrez ensuite vous expliquer que le Mail établi derrière le château, au soleil couchant, était autrefois muré des deux côtés. De ses murs, il reste des vestiges. Pour les élever à leur ancienne hauteur : sept pieds du côté midi, six pieds au joignant du bois, le travail coûtera 3.220 livres.

Au portail d'entrée, à droite et à gauche du pont, les murs sont à refaire. Une voûte est à descendre et à rétablir. Vingt toises de murs calculées à sept livres l'une devront être réédifiées sur l'un des côtés de la première cour. Au second portail, il faut un cintre. Des menues réparations jugées utiles au four, à l'escalier de la conciergerie, à sa tour, aux têtes de cheminées du château, nous ne parlerons pas. C'est assez de vous faire remarquer que la clôture du verger et l'entourage de la grange réclament deux cents toises de maçonnage.

Dans le verger, voulez-vous réparer le pavillon de la Bégasse? Dépensez vingt livres. A la chapelle, consacrez quatre-vingt-dix livres; au bout de cette chapelle, s'il vous plaît de reconstruire un pavillon quasi ruiné, financez cent vingt-cinq livres. Notez en outre qu'auprès de la conciergerie, à l'occident, s'élevaient deux tours dont les soubassements restent seuls. Du même côté, une autre tour vous offre sa couverture et sa charpente complètement assolées. Au soleil levant, afin de relever la clôture de la première cour, vous devrez maçonner vingt toises. La tour qui flanquait cette clôture s'est écroulée et ses débris remplissent les douves. Non loin de là. voyez l'emplacement servant de Jeu de Paume. Tout y est dégradé, sans charpente ni couverture.

Dans la première cour, le pavé est à remplacer, comptez cent vingt-huit toises de travail et quatre cent vingt-huit livres de dépenses. Aux deux côtés de cette même cour, deux tours écroulées en partie sont à relever. à la hauteur de vingt-cinq pieds.

A l'intérieur du château, le pavage manque dans deux salles au rez-de-chaussée et dans un petit salon. Pour y remédier, Messieurs Boucher et Galpin réuniront cent milliers de tuiles, quarante charretées de sable, dix charges de chaux. Cotez ces dix charges à 35 livres; estimez la charretée de sable à vingt sous rendue sur les lieux; ajoutez dix livres par millier de briques et trente sous du mille pour main-d'œuvre et vous aurez tiré du maçon Dugué tout le parti possible. Il ne vous reste plus à entendre que Jean Payen, menuisier à Rennes. Avec lui vous constaterez que les portes et fenêtres manquent dans certains appartements, que dans les autres, elles sont pourries et vermoulues. Ici, plus de serrures! là, plus de lambris! Son rapport sonne la même note que les précédents et il est temps de s'arracher à ces appartements dévastés. Arrêtons toutefois à la prière de Collin, et sous sa dictée, écrivons : qu'au dessus de la porte donnant accès à l'escalier, apparaissent deux écussons en blanc soutenus par deux sauvages, que sur la porte elle-même sont sculptés deux autres écus soutenus par des léopards. Le premier porte sur champ d'argent, le lion d'Epinay, coupé de gueules et de sinople, armé, couronné, lampassé d'or. Le second montre un vairé d'argent et de gueules au lion de sable morné, brochant sur le tout un écusson de gueules, chargé de six billettes d'argent. Deux écussons semblables à ce dernier et deux autres d'Espinay, se voient aux fenêtres de la grande salle.

Sur ce, en bon ordre, replions-nous vers Champeaux, d'autant qu'une heureuse diversion nous y est préparée.

XVIII

Beaucoup d'honneurs, de bruit, de fumée. Mauvais son de cloches.

Sur le seuil de l'auberge où pend l'image Notre-Dame, le massier de l'église collégiale, revêtu de sa robe, porteur de sa masse d'argent, attend le représentant des acquéreurs du marquisat et, de la part du chapitre, le prévient que le doyen, les chanoines, les chapelains sont réunis dans l'église pour le mettre en possession de la collégiale, du cloître des droits honorifiques attribués aux seigneurs d'Epinay. A cette invite, Guillard répond en s'acheminant vers le sanctuaire de grand renom. A sa porte principale, il trouve le doyen recteur de Champeaux, noble homme Paul de Gennes, revêtu de la chape et orné de l'aumusse. A sa droite et à sa gauche se tiennent, dans le même costume, les chanoines Charles Le Gaudiger, recteur de la paroisse de Saint-Jean-sur-Vilaine, et Jacques Coutances, recteur de Montreuil-sous-Pérouse. De Gennes adresse à Guillard un compliment qu'à notre grand regret les notaires n'ont pas eu la bonne pensée de reproduire. Ce morceau délicat débité, le doyen offre l'eau bénite au représentant des Parisiens, lui fait baiser les pieds du crucifix d'argent et, le prenant par la main, il le conduit au banc seigneurial et prohibitif. Une grand'messe est alors célébrée par Joseph Trochon, l'un des chapelains. L'office terminé, les cloches sonnent à toute volée. Lorsqu'elles se taisent, les notaires donnent lecture de la procuration Boucher et Galpin. Reconnu solennellement pour leur mandataire, Guillard, guidé par les chanoines et suivi du disert Collin, commence la revue des beaux droits d'Epinay.

Dans le charnier voûté du côté de l'épître, ces deux chasses de plomb sont celles de Jean, premier marquis d'Epinay, et de Marguerite de Scepeaux. Dans ces cœurs en plomb, on a mis leurs cœurs. Cette boîte contient leurs entrailles. Un pilier central soutient la voûte de ce caveau. Il porte sur son côté droit le lion d'Epinay, sur le côté opposé, le vairé des Scepeaux. Sur la porte qui donne entrée à cet enfeu, à la sacristie et au chapitre, Collin signale un écusson en losange avec la Cordelière, mi-parti Epinay, mi-parti Scepeaux. Conduit par le Doyen au pied du grand autel, Guillard s'y agenouille et le baise. Apercevant dans la grande verrière du chevet une série d'écussons, il prie le verrier de les expliquer et les notaires d'en faire le rapport.

Au sommet de la verrière, dit Collin, des deux côtés, vous voyez le lion d'Epinay sur fond d'argent. Au-dessous, il est écartelé avec les fleurs de lys d'or, sur fond de gueules des Châteaubriand. En troisième place, les mâcles, le lambel et la guivre milanaise des Mantauban apparaissent aux deuxième et troisième quartiers. Au-dessous encore, le lion figure toujours au premier et au quatrième, tandis que les deux autres quartiers montrent un fascé d'argent et de gueules chargé de merlettes. Vient ensuite un écartelé que Collin traduit au premier et au quatrième mi-parti d'Epinay et de Goulaine aux second et troisième, bandé d'argent et d'azur. Regardez enfin au bas et au milieu du vitrail. L'écusson mi-parti d'Epinay et de Goulaine vous indiquera que l'œuvre artistique fut commandée et payée par Guy III et Louise de Goulaine. — Est-ce fini ? A quoi peut servir pareil luxe héraldique ? — A vous remettre en mémoire les alliances d'Epinay. Les métaux, les couleurs du blason n'offrent-ils pas d'ailleurs des motifs très riches et très variés d'ornementation ? Tant qu'aux couronnes, n'en prenez point ombrage. Comtés, baronnies, marquisats, duchés, sont à vau l'eau, et comme les fleuves n'ont pas pour habitude de remonter vers leurs sources, dormez en paix! Le système féodal a vécu. Personne n'oserait se vanter de vouloir le faire revivre. En agiter le spectre de nos jours est un tour de roué, en quête d'un tremplin électoral et spéculant sur la multitude des sots. Permettez donc à Collin de vous montrer le lion d'Espinay en toutes les chapelles de la collégiale, dans la vitre de la mortuaire, sur un bouclier suspendu à dix pieds au-dessus du mausolée de Guy III et de Louise de Goulaine, sur les deux battants de bois qui le ferment. Regardez les écussons tenus par deux angelots, de chaque côté de l'autel, vous l'y verrez se dresser près d'un lion de sable brochant sur fond parti de gueules et d'argent Il ornera le buffet d'orgues, les tapisseries elles-mêmes

Croyez encore Collin, quand il vous dira, que sur la grande et la petite cloche, se détachent en relief quatre écussons mi-parti d'Epinay et mi-parti de gueules losangé d'or. Sachez de plus, grâce à ce précieux auxiliaire, qu'il est écrit sur chacune de ces cloches: « Marguerite de Rohan, épouse de Messire Charles d'Espinay, comte de Duretal, baron de Barbezieux, m'a nommée pour servir au chapitre de Champeaux, sous Messire Pierre Saudrais, docteur en théologie. Au milieu du chœur, sur le mausolée de Robert, grand maître de Bretagne, lisez l'inscription consacrée à sa mémoire; dans la chapelle Sainte Barbe[1], priez sur les tombes de Guy le Grand et de Guy II d'Epinay. Allez avec Guillard prendre possession du cloître et, en le reconduisant chez le tavernier Le Prestre, convenez qu'il n'a pas perdu sa journée et qu'elle n'a guère ressemblé à celle du calviniste Grimaudet, procureur du duc de la Trémoïlle en 1633.

Le lendemain 5 novembre, commence pour Guillard sous les plus heureux auspices. Accompagné de son ordinaire entourage et du beau-frère de Galpin, le sieur Gazon, marchand de draps et soie à Rennes, ancien juge-consul, il marche vers l'auditoire. Le gardiataire François Le Prêtre lui en ouvre les portes. Installé dans la chaire du sénéchal par l'alloué du marquisat Duperray, Guillard prend possession en présence des doyen, chanoines et chapelains. Il se saisit des clefs

(1) Il y a quelques années, la société archéologique d'Ille-et-Vilaine prit Epinay et Champeaux pour but d'excursion. C'est à sa compétence et à sa générosité, que l'ancienne église collégiale doit la restauration d'un siége renaissance portant à son dossier un médaillon représentant la Charité.

et les remet au gardiataire. A sa sortie, Collin toujours attentif, lui indique deux écussons sculptés sur les arcades. L'un d'eux, au soleil levant, porte mi-parti d'Epinay et de Scepeaux. L'autre, au soleil midi, n'offre que le lion coupé de gueules et de sinople. Durant cet examen, quarante jeunes gens armés de fusils surviennent et saluent Guillard par une décharge générale de leurs armes. De son côté, le doyen de Champeaux, de Gennes, muni de deux flambeaux, les présente à Guillard et à Gazon, les priant de daigner mettre le feu au bûcher préparé en l'honneur des nouveaux maîtres du marquisat. Une flamme joyeuse s'élève, tandis que les quarante fusils ajoutent à l'éclat de la fête, en prodiguant la poudre et le bruit. Fumée que tout cela! bon gré, mal gré, il faut revenir aux choses branlantes et ruinées. Au manoir de Champeaux, portes, fenêtres, planchers, toitures sont en détresse. De la prison bâtie à côté de l'escalier, il ne reste que des murs écroulés; d'où l'impossibilité d'éditer une nouvelle tirade sur l'oppression seigneuriale.

A la Maisonnette, aux métairies du Fougeray, de la Frapinière, de la Cornillerais, l'usufruit du prince de Talmont a produit les mêmes effets. Tout s'effondre ou menace de s'effondrer. Les moulins sont hors d'état de moudre, La chaussée de Pallet est crevée et présente une ouverture de quarante pieds; faute de réparations immédiates, elle sera emportée. Guillard trouve les portes des maisons de la Forge sans serrures, le lieu inhabité, ses planchers en indigence, les murs sans terrasses et certains étages sans soliveaux. Choisi pour expert, Le Prestre assure que les domaines dépendant d'Epinay sont, pour la plus grande partie, déclos, dépourvus de claies, barrières, echaliers. Leurs haies n'offrent aucune défense, vu les brèches faites par suite d'abatis de bois.

Les genètaies remplacent les châtaigniers mis à terre et des yeuses d'Italie (chênes verts) si nombreuses, au temps des d'Epinay, sur le côteau de la Frapinière, il ne reste que trente-deux pieds. Guillard, l'âme navrée de tout ce qu'il entend, de tout ce qu'il voit, s'incline devant saint Abraham et peut-être plus profondément encore devant le patriarche Job si éprouvé en ses biens et troupeaux.

Le 6 novembre, montés à cheval, de bonne heure, procureur, rapporteurs, Collin et les autres, se rendent au bois de Briéru. Guillard y remplit les formalités ordinaires et repart pour Marpiré. Le recteur de cette paroisse, vénérable et discret missire Etienne Bougon, revêtu de la chape, le reçoit à la principale entrée de l'église, lui fait compliment et le conduit au banc prohibitif sans avoir omis de lui présenter l'eau bénite et le Christ à baiser. Tandis que Guillard prend possession suivant le cérémonial usité, Collin parcourt l'église. Sous sa dictée, les notaires enregistrent qu'en arrière du grand autel se voit un écusson écartelé, au premier quartier échiqueté d'or et de gueules, au deuxième d'azur à onze billettes d'argent, au troisième d'argent à trois léopards passant d'azur, au quatrième au lion morné.

Cependant, au son des cloches, une grande affluence de peuple accourt des villages environnants. C'est au milieu de ce concours que Guillard prend possession du presbytère. Les mêmes honneurs l'attendent à Saint-Jean-sur-Vilaine, Cornillé, Saint-Aubin-des-Landes. Tantôt, au chant du *Veni Creator*, tantôt au chant du *Te Deum*, il monte la nef des églises. Et Collin de continuer dans les clochers, sur les verrières, sur les bancs prohibitifs, ses investigations fructueuses. Trois écussons d'Epinay ornent la maîtresse vitre de Saint-Jean. Du côté de l'évangile, vous en trouverez deux autres. A l'autel, sous la main de l'image Saint-Jean, le lion d'Epinay se dresse, couronné et lampassé d'or. En relief, il apparait sur le banc seigneurial, soit seul, soit accolé aux armes des de Goulaine. La grosse cloche de Saint-Jean le supporte. La petite offre les armes de l'abbé de Charroux. timbrées de la mitre et de la crosse. A Cornillé, Collin signale, sur l'accoudoir du banc prohibitif et dans la muraille au-dessus, des écussons aux armes de La Trémoïlle. Ces armes figurent également sur les cloches. L'une les porte en relief, l'autre gravées au burin.

N'oubliez pas que les recteurs de toutes les paroisses parcourues sont avertis d'avoir à donner désormais les prières nominales aux deux bourgeois de Paris Notez de plus qu'en chaque paroisse, les prêtres et notables sont appelés à signer le procès-verbal des brillantes réceptions faites à Guillard. Pour rentrer dans la triste réalité des faits, celui-ci termine ses étapes par la visite du moulin de la Corbière, où tout est délabré comme ailleurs.

Que signifiaient donc ces sonneries à toute volée? Parlaient-elles en faveur de l'ancien régime, ou célébraient-elles joyeusement sa chute prochaine? En 1633, on se préoccupait des fiefs, cette véritable ossature du système féodal; en 1716 il n'est plus question que des droits honorifiques. N'est-ce pas le brillant vernis destiné à voiler la cassure et le vermoulu?

Quoiqu'il en soit, Boucher et Galpin, édifiés sur la valeur de leur marquisat. le revendirent le 4 mars 1719, avec un boni de quinze mille livres, à René Le Prestre, seigneur de Lezonnet, conseiller du Roi en ses conseils, président à mortier, au Parlement de Bretagne.

XIX

Les derniers acquéreurs d'Epinay. Son renouveau.

A qui se fier pour nous renseigner sur ces Le Prestre devenus marquis d'Epinay, barons de Châteaugiron ? — A monsieur Trévedy. Il vous dira : « Le nom de Le Prestre paraît en 1379, une grande date de notre histoire de Bretagne. Jean IV, duc par la grâce du roi d'Angleterre, ne sait pas s'affranchir du joug anglais. Les Bretons se détachent de lui. Pour se maintenir, il appelle une armée anglaise. C'était appeler en Bretagne l'armée française commandée par Du Guesclin. Le connétable n'a pas franchi le frontière que toute la Bretagne est soulevée contre le Duc et ses anglais et fugitif avant le combat, le triste souverain s'embarque à Concarneau pour l'Angleterre, (1373). Après des années de désordre, les seigneurs bretons (parmi lesquels Payen d'Epinay) résolurent de faire ce que ne savait pas faire le Duc : sauver la Bretagne et maintenir l'indépendance du pays. Le 27 avril 1379, ils formaient une ligue et juraient de s'entr'aider à la défense du droit ducal de Bretagne contre tous ceux qui voudraient prendre la possession du Duché excepté ceux à qui il appartient en droite ligne.

Quelques jours après, dix-sept bourgeois de Rennes des plus importants, sans doute, s'unissaient aux seigneurs et se liaient entre eux par un serment analogue. Dès le 4 mai, Jean IV était rappelé en Bretagne.

C'est à ces bourgeois de Rennes, comme aux seigneurs bretons, que la Bretagne doit son indépendance.

Au nombre de ces bourgeois patriotes figure : *Perrot le Prestre* ».

A dater de ce moment, la fortune des le Prestre alla grandissant. Alliés aux de la Lohière, de Coëtlogon, Glé de la Costardays, Bizien, on les compta parmi les hommes d'armes du maréchal de Rieux, parmi les seigneurs ligués contre Landais en 1484. Jean le Prestre jouit de la faveur des rois Henri II, François II, Charles IX; on le fit échanson de Marie Stuart et gouverneur de Concarneau.

Le collier de l'ordre fut porté par son fils Louis, son petit-fils François. Un frère de ce dernier devint évêque de Cornouailles; un autre nommé Olivier, capitaine du *Saint-Paul*, obtint du duc de Vendôme gouverneur de Bretagne « commission d'armer ce navire *pour aller aux Indes et aux Isles courir aux pirates, forbins et troubleurs du repos et du commerce* ».

L'acquéreur d'Epinay était fils de cet intrépide. Son acte d'acquisition provoqua une troisième prise de possession. Le procès-verbal en fut dressé par les notaires royaux Jean Tétiot et le Barbier à la requête de noble homme Jean-Baptiste Jehanneau, sieur de Trevalon, assisté d'un architecte rennais nommé Vilette. Tous ces honorables descendirent au lion d'or, à Champeaux. Sans courir les chemins à leur suite, notons cependant qu'en mars 1719, au sortir de la collégiale, ils remarquèrent le commencement d'un nouvel édifice déjà haut de quarante pieds. Questionné à cet égard, le Doyen déclara qu'on le destinait « à porter un dôme de charpente à y mettre les cloches ». C'est là le clocher récemment recouvert, ainsi que toute la collégiale, grâce à la prévoyante sollicitude de monsieur l'abbé Henry, recteur de Champeaux.

En la chapelle succursale de Saint-Melaine, les notaires aperçurent sur la grosse cloche les armes des la Trémoïlle, sur une cloche fêlée celles des d'Epinay. A l'intérieur et à l'extérieur de la chapelle de Landavran, située vers le plus proche fief d'Epinay, au-dessus de la grande vitre du maître autel, au lieu le plus éminent, le lion coupé de gueules et de sinople leur apparut. Ils le trouvèrent également dans la vitre proche l'autel de Sainte-Appoline. Du côté de l'épître, dans la nef, Vilette leur signala les aiglons des la Trémoïlle. A part ces particularités et sa description du manoir ruiné de la Haye de Néron, rien de plus à glaner dans l'acte qui fit reconnaître marquis d'Epinay René le Prestre de Lezonnet, déjà baron de Châteaugiron[1].

Ce Le Prestre et ses descendants se préoccupèrent-ils de réparer Epinay ? C'est à croire. Ils durent sacrifier l'enceinte féodale croulant de toutes parts, réunir en une seule, les deux cours qu'elle enveloppait, conserver la grande

---

(1) Le bénéfice du retrait lignager d'Epinay fut réclamé 1° par Jacques de Saint-Denis, bourgeois de Paris, comme tuteur onéraire et agissant au nom de Charles-Armand-René, duc de la Trémoïlle et de Thouars ; 2° par Fréderic-Guillaume de la Trémoïlle, le singulier usufruitier que nous avons vu à l'œuvre, en qualite de tuteur et garde naturel de son fils Anne-Charles-Frédéric de la Trémoïlle, comte de Taillebourg.

Faute d'avoir satisfait en temps utile aux conditions à eux imposées pour rentrer en possession, les deux retrayants virent le marquisat passer définitivement aux le Prestre, barons de Châteaugiron.

La procédure qui aboutit à ce résultat nous est dépeinte dans 48 folios de vélin. Par ordre, de M. de Châteaugiron, ils furent revêtus d'une reliure soignée en veau, à nerfs, avec empreinte de fers très élégants. (Nunc aux archives de Mme la comtesse d'Aubigny).

construction de Jean d'Espinay accolée au levant à l'élégant ensemble des tourelles du quinzième siècle, terminée à l'ouest par un pavillon renaissance. Epinay leur dût peut-être encore, les hautes lisses tendues dans les appartements confinant à la grande salle et séparés d'elle par le mur où s'appuie le manteau peint de sa monumentale cheminée.

Dans les dernières années du dix-huitième siècle, un petit-fils du Président à mortier vendit Epinay, avec son entourage de bois, de métairies, d'étangs à M. le Prieur et c'est une petite-fille de ce dernïer acquéreur, la comtesse d'Aubigny, qui le possède aujourd'hui. Jugez si la grande et historique demeure est tombée en bonnes mains.

Secondé par un architecte distingué dont les ancêtres ont vu la gloire d'Espinay[1], le commandant d'Aubigny a fait tout d'abord consolider les charpentes pour les couvrir ensuite de ces belles ardoises de la Corrèze d'une teinte gris pâle si douce à l'œil. Le souci de l'exactitude, le respect des vieux souvenirs a provoqué la restauration des pierres sculptées aux armes des la Trémoïlle, aux chiffres des premiers possesseurs. A l'intérieur, les appar-

(1) M. Mellet.

tements du rez-de-chaussée ont repris l'aspect d'autrefois avec leurs poutres, leurs soliveaux apparents, leurs lambris et cheminées de grand style. Epinay a revu des ouvriers consciencieux et de talent[1] empressés a lui faire une nouvelle parure.

A l'ouest de ses jardins et de son étang, là où s'étendait le mail tant admiré par du Paz, des clôtures abattues, des perspectives habilement ménagées, une entente parfaite du parti à tirer des accidents de terrains, des taillis, des grands arbres isolés ou groupés, donneront à cette belle résidence, les larges et gracieuses approches, qui loin d'altérer le caractère de grandeur voulu par ses premiers possesseurs, le feront encore valoir. Et comme livres et châteaux ont leurs destins, construite naguère, restaurée à notre époque par de vaillants serviteurs du pays, cette Rivière d'Epinay qui abrita tant d'illustres capitaines, tant de chevaliers de l'ordre, parmi lesquels le maréchal de France François de Scepeaux, a reçu de nos jours, entre deux campagnes ou dans les loisirs d'un repos mérité, Raoul-Charles-Louis Goury[2] élève de l'école polytechnique en 1841, de

(1) Dirigés par Messieurs Geffray, Lecomte, Jobbé-Duval.

(2) Père des comtesses d'Aubigny et de Rostang.

l'école d'application du génie à Metz en 1843 et dont, voici les principaux états de service. Ils sont assez éloquents pour se passer de commentaires[1].

« Sous Pélissier et Bosquet, R. Goury prit part à plusieurs expéditions en Afrique de 1846 à 1850. Blessé et décoré à la tranchée, devant Malakof, il reçut le commandement du génie de la garde impériale. Pendant la guerre d'Italie. il se distingua à Turbigo, Magenta et Solférino. Chef de bataillon et officier de la Légion d'honneur en 1865, on le nomma lieutenant-colonel en 1868. Commandant à titre auxiliaire une brigade d'infanterie du dix-huitième corps il se battit en 1870, à Beaune-la-Rolande. Attaché ensuite à l'armée de l'est, il réussit, lors de la capitulation de Bourbaki, à sauver sa brigade en forçant le passage de Gex et en opérant une retraite remarquable qui lui valut la croix de commandeur et l'admiration des ennemis[2]. Général de brigade et commandant en second l'école d'application de Fontainebleau de 1873 à 1877, il devint directeur du génie à Rouen. L'organisation du ser-

(1) Voir Bio-bibliographie bretonne de Kerviler.

(2) Voir l'ouvrage publié par le grand état-major Allemand sur la guerre de 1870.

vice dans le corps d'occupation de Tunisie lui fut confiée en 1882. Général de division en 1883, il commanda à Saint-Servan la vingtième division et fut admis au cadre de réserve en 1886 avec le grade de grand officier de la légion d'honneur ».

Raconter l'histoire d'Epinay, c'était donc, à tous points de vue, mêler aux vaillances anciennes, les vaillances modernes et ajouter ainsi un anneau à la chaîne d'or des traditions vitréennes. On nous pardonnera d'avoir été tenté par cet honorable labeur et si le succès ne paraît pas répondre à la sincérité de nos efforts, en faveur de ses bonnes intentions, daignez couvrir, de votre indulgence le vieux chroniqueur.

FRAIN.

ADDITIONS

I

Fiefs dépendant de Saudecourt

Les fiefs de la ville de Louvigné, — du Hautbois, — de la Bonnerie, — la Doubrie, la Seiardière, — le fief franc du Pin, — le fief du bourg de Moulins, de Lebert en Moulins, — de Villechien, — du Breil, — de la Villatte, — de la Clavelière, du fief de Saint-Melaine ou masures en dépendant, — le grand et petit fief de Leberte, en Bais, — de Nantillé, — de la Junaudière, — de Champaigne, — de Crosel, — Louaison, — La Goucrie, — de Mainbier et masures en dépendant, — d'Arbresecq, — de Ranné en Chancé, — de Lourme, — de Baigaigne de Piré, — de Chaumeré, — de la Jupière, — de Pontespion.

Comme sénéchaux de Saudecourt, nous avons trouvé au XVIIe siècle, deux Chabot de la Pinaudière, Michel et Claude ; au XVIIIe siècle, René-Charles de Girard de Châteauvieux.

II

Fiefs dépendant d'Épinay

Les fiefs du bourg de Champeaux, — du fief Adam (dont les teneurs devaient au terme d'Angevine 4 livres 6 sols 8 deniers monnaie et chacun d'iceux, faisant feu et fumée, une poule geline et une corvée, *leur faisant dépense et nourriture suffisante.* — du Breil (dont les dix teneurs devaient par an à l'Angevine 50 sous un denier monnaie et seize boisseaux d'avoine comble, mesure de Vitré et quatre poules. En l'an 1690, ces dix teneurs se nommaient : noble homme René Cardel, sieur de Grand-Champ, demoiselle Catherine Logeais, dame du Breil, honorable homme Jean Bazille, Jean Nicolle, sieur du Pin, demoiselle Marie Nicolle, dame de Beauvais, les héritiers de demoiselle Catherine Bruneau, dame de la Chochonais, Julienne Garnier, Didier, Briand, Pigeonnais, Michel Pied, Pierre Chouon). — Les fiefs du Rocher, — de la Garantais, — de la Gandonnais, — de la Greslinais, — de Villanfray. — Loirie, — Brosays, — la Brigaudière, — Soillé, — le Bourgneuf, — la Touche de Landavran, — la Hamelinais, — Mondable, — Villaumeu, — la Courbe, — le Reu, — les grands et petits fiefs de Bretignoles, — de la Vayrie, — d'Esclepot, — la Hauvespière du bourg de Cornillé, — de la Haie, — Monsautel, — Bonne maison, — de la Bodaysière et Roussière.

Parmi les officiers de la Juridiction d'Epinay, outre Thomas Duperray, distinguez : Jean Le Moyne de la Borderie, à la fois lieutenant de Vitré et sénéchal d'Epinay en 1677, — Mathurin Bouvier, sieur de la Painière, procureur fiscal en en 1700. — Etienne de Farcy, sénéchal d'Epinay, en 1756, — Jean Beaugeard de la Morinais, sénéchal en 1758.

Outre Epinay en Acigné, Epinay en Champeaux, il y avait en Ille-et-Vilaine Epinay en Piré et quelque peu au-delà des limites de notre département, Epinay en Plessé (Loire-Inférieure).

Les de l'Epinay de Piré parurent aux montres de 1440 et de 1513. Ils portaient d'argent au croissant de gueules accompagné de six billettes de sable.

Les de d'Epinay de Plessé montraient, sur leur écu, trois buissons d'épine de sinople sur fond d'argent.

Leur généalogie fut rédigée par Léon Maître archiviste paléographe et imprimée à Nantes, chez Emile Grimaud, sur l'initiative de Zenobe Alexis, marquis de d'Epinay, député de la Vendée, marié à Marie-Thérèse Benoist d'Azy.

TABLE DES CHAPITRES

VITRÉ

IMPRIMERIE *GILLES & CIE*

4, RUE HELLERIE, 4

fouages de 1775; 8° Compte de la miserie ordinaire de la ville et communauté de Vitré, années 1788-1789. *Petit in-4° carré, 432 pages.*

— Un Français à la cour de Pologne, le chevalier de Pyrrhis, 1657-1775, *54 pages.*

— Deux chapitres de mes souvenirs. Vitré, imp. Lécuyer, 1898. *In-16, 18 pages.*

— Journal de Guillaume Langelier, sieur de la Martinais, écrit à Fougères de 1643 à 1650. *In-12, 57 pages.*

— Deux discours de Jean-Arthur de la Gibonnais, 1678. *in-4° carré, 21 pages.*

— Mémoire généalogique où il est fait mention de plusieurs familles établies à Vitré et paroisses environnantes aux xve, xvie, xviie et xviiie siècles. *Petit in-4 carré, 272 pages.*

— Le Tiers-Etat au petit Maine, avec listes et documents inédits. *In-12, 110 pages.*

— Correspondance administrative. 23 lettres adressées par l'intendant général de la maison de la Trémoïlle à l'advocat fiscal de la baronnie de Vitré (J. Frain de la Motte), 1696-1708. *Petit in-4° carré, 89 pages.*

— Appendice aux lettres précédentes. *Petit in-4° carré, 56 pages.*

— Les du Vauborel normands et bretons (Extrait de la *Revue historique de l'Ouest*). *Grand in-8°, 121 pages.*

— Les Vitréens et le commerce international (Extrait de la *Revue historique de l'Ouest*). *Grand in-8°, 101 pages.*

— Un rural de la baronnie de Vitré. Son journal domestique de 1634 à 1671. (Extrait de la *Revue historique de l'Ouest*). *Grand in-8°, 29 pages.*

— Commerce des Vitréens en Espagne, 1626-1630. *In-12, 19 pages.*

— Tableaux généalogiques, notices et documents inédits au soutien du mémoire où il est fait mention de plusieurs familles établies à Vitré et paroisses environnantes, aux xve, xvie, xviie et xviiie siècles. *Neuf fascicules in-4°, 732 pages, formant trois tomes, y compris une table alphabétique de personnes et de lieux.* Vitré, Imp. Lécuyer.

— Registre d'écuyer Nicolas Bouleuc, greffier de l'Amirauté de Bretagne, au siége de Saint-Malo. (Extrait de la *Revue historique de l'Ouest*). *Grand in-8°, 168 pages.*

— Vitréenne et Malouine, Mme Bouleuc de la Villeblanche et Mme Soré de Lorvinière. Leur correspondance familiale et commerciale, 1690-1733. *In-8°, 100 pages.*

— A la mémoire du Vitréen membre de l'Institut. Vitré, Lécuyer, 1903.

— Comptes de l'hôpital de Fougerolles 1763-1769 (Recettes) Vitré, imprimerie Ed. Lécuyer, 1904. *In-8, 104 pages.*

— L'abbé Paul Paris-Jallobert, 17 février 1905. Imprimerie Ed. Lécuyer. 1905. *In-16, 15 pages.*

— Livre de raison d'un gentilhomme verrier vicomte de Fereé (le dernier des Massari maîtres de la verrerie de Javardan 1754-1769. (Extrait du Bulletin de l'Association Bretonne), Saint-Brieuc. René Prud'homme, 1905. *In-8°, 24 pages.*

— Une paroisse du Vitréais. 1100-1904. Vitré. imprimerie Gilles et Cie, 1905, *96 pages.*

— Cent ans de Vie vitréenne. Vitré, Gilles et Cie, 1907, *252 pages.*

— Entre la Martinique et Vitré, 1697-1824. Voir le *Journal de Vitré*, 1907-1908.

www.ingramcontent.com/pod-product-compliance
Ingram Content Group UK Ltd.
Pitfield, Milton Keynes, MK11 3LW, UK
UKHW021117220726
13924UKWH00004B/1763